Tener citas como un Buda

DESCARGA
GRATIS
CON ESTE
CÓDIGO
en la web www.editorialsirio.com/descargas

APEGO28

TE ENVIAREMOS UNAS PÁGINAS DE
LECTURA MUY INTERESANTES

Promoción no permanente. La descarga de material
de lectura solo estará disponible si se suscriben a
nuestro boletín de noticias. La baja del mismo puede
hacerse en cualquier momento.

Título original: IF THE BUDDHA DATED: A Handbook for Finding Love on a Spiritual Path
Traducido del inglés por Alicia Sánchez Millet
Diseño de portada: Editorial Sirio, S.A.
Maquetación: Toñi F. Castellón

© de la edición original
   1999 de Charlotte Sophia Kasl

© de la presente edición
   EDITORIAL SIRIO, S.A.
   C/ Rosa de los Vientos, 64
   Pol. Ind. El Viso
   29006-Málaga
   España

www.editorialsirio.com
sirio@editorialsirio.com

I.S.B.N.: 978-84-19105-80-6
Depósito Legal: MA-650-2023

Impreso en Imagraf Impresores, S. A.
c/ Nabucco, 14 D - Pol. Alameda
29006 - Málaga

Impreso en España

Puedes seguirnos en Facebook, Twitter, YouTube e Instagram.

Charlotte Kasl

Tener citas como un Buda

Manual práctico
para encontrar el amor
en el camino espiritual

EDITORIAL
SIRIO

Dedicado a todas las personas que buscan el amor en el sendero espiritual y a Alissa, Danielle y Mary.

Índice

Primera parte.
PREPARARTE PARA EL AMOR

Segunda parte.
DESPIERTA TU DESEO

Tercera parte.
ADÉNTRATE EN EL FUEGO SAGRADO

Cuarta parte.
NO TE DESVÍES DE TU CAMINO

Quinta parte.
PROFUNDIZA

Sexta parte.
HABITA EN EL CORAZÓN DE TU AMADO/AMADA

Mis sinceros agradecimientos

... a todas las personas que me han ayudado en la elaboración de este libro. Mi agradecimiento especial a mi editora, Janet Goldstein, por su entusiasmo, su maravillosa contribución y su apoyo; a Edite Kroll, mi decidida agente, por su ayuda, sentido del humor y amistad; gracias a Susan Hans O'Connor y a Nancy Peske, por sus correcciones, y a Erica Soon Olson, por sus correcciones y consejos de estilo.

Un ramo de rosas para Rowan Conrad, terapeuta y discípulo desde hace mucho del maestro zen Thich Nhat Hanh, por su cuidadosa lectura y valiosas y minuciosas sugerencias para el manuscrito. Y gracias por sus aportaciones, comentarios, entrevistas, amistad, inspiración, sentido del humor y apoyo moral, no necesariamente en este orden, a mis amigos y colegas Keith Walker, Stephen Wolinsky, Jane Yank, Jennifer Schneider, Mary Greenfield, Shahir, Qahira, Star, Darvesha, Altazar Player, David Long, Barbra Brady, Jim McNaughton, Alissa Davis, Danielle Davis, Joanna Lester, Jeanine Walker, Dodi Moquin, Debbie Batterson, Johna Koontz, Michelle Moeller, David Marsolek, Michael Sullivan y Linda Lightfoot.

Qué puede hacer por ti este libro
y qué no puede hacer

Este libro trata sobre cómo fomentar el amor en tu vida. Para ello te aconseja que empieces por trabajarte tu conocimiento, tu compasión y tu amor incondicional hacia ti misma o hacia ti mismo, incluidas esas partes que no reconoces como tuyas o que prefieres ocultar. Este viaje de autoconocimiento puede resultarte incómodo, incluso suponer un reto, pero te ayudará a reconciliarte con todos tus aspectos; de este modo podrás acoger a otra persona en tu corazón. Llevo mucho tiempo en este viaje, y en el transcurso del mismo, he sentido tanto la libertad de transformar viejos patrones como la aleccionadora experiencia de afrontar partes de mí misma que todavía necesitan compasión y comprensión.

Descubrirás que permanecer en el camino espiritual mientras buscas un amante o una pareja supone emprender un viaje que afecta a toda tu vida, no solo al aspecto de salir con alguien, de amar, del romance y del matrimonio. Empezarás a descubrir creencias muy arraigadas que son las responsables de gran parte de tu conducta, y las superarás gracias a un nuevo estado de conciencia que te liberará del pasado y te permitirá ver a los demás con claridad y crear una unión espiritual en la que podrás confiar.

A lo largo de este camino, descubrirás que la compasión y la aceptación sustituyen al miedo, a los juicios negativos y a la preocupación. Tener una cita será motivo de curiosidad, fascinación y alegría: solo desearás lo que es bueno para la otra persona y para ti. En vez de elegir una pareja basándote en su imagen, pretensiones y roles, podrás realizar tu viaje acompañada y saber qué significa crear un vínculo espiritual flexible y expansivo para ambos.

Este es un libro para hombres y mujeres de cualquier edad y credo, que deseen tener una relación humana que les haga vibrar y que se sostenga en la autenticidad, la igualdad, la espiritualidad y la dicha. Aunque me baso principalmente en la filosofía budista, también bebo de las fuentes del cristianismo, el sufismo y otras enseñanzas orientales. El budismo es más una filosofía de vida que una religión o un dogma. Se basa en estar despierto, libre de utopías y temores; de este modo, la compasión y el amor incondicional formarán parte de todas tus relaciones. Todos podemos alcanzar el estado búdico (nuestra esencia luminosa interior) cualquiera que sea nuestro sistema de creencias.

Aunque este libro sea una guía para tener citas dentro de un contexto espiritual, también es de carácter práctico: encontrarás una gran variedad de ejercicios y consejos diseñados para ayudarte en tu propio camino. En el budismo, en el sufismo y en otras prácticas espirituales, nuestra forma de vivir el día a día no está separada de nuestro camino espiritual. Lo que nos ayuda a crear una relación íntima es nuestra capacidad para vivir el momento presente, sin apegarnos a los resultados de la situación.

Este también es un libro lúdico. Si lo piensas bien, salir con alguien puede ser divertido o, cuando menos, un buen melodrama. Estas enseñanzas te ayudarán a relajarte y a contemplarte a ti misma o a ti mismo con desconcertante compasión, cuando te sientas perdido o atrapado por imponer tus dolorosas exigencias: «¡Quiero un amante/un esposo/una esposa ahora!». Tener el corazón contento y sentido del humor nos ayuda a rebajar nuestras exigencias y a mantener nuestra objetividad. Desde un punto de vista cósmico, que incluye el abanico de toda nuestra existencia, nuestros ires y venires amorosos importan más bien poco. Son una anécdota pasajera, un momento en el tiempo.

A propósito de los líos amorosos, este libro *no* promete soluciones milagrosas ni la relación perfecta que garantizan otros. No tengo fórmulas fáciles que te aseguren un «matrimonio celestial», te lleven al altar o pongan las palabras «sí, quiero» en labios de otra persona. Mira todos los libros que están a la venta que te garantizan que vas a perder diez kilos. Puede que sus métodos funcionen al principio, pero para mantener ese peso, has de hacer cambios permanentes, no solo en tus hábitos de alimentación y de ejercicio, sino en tu capacidad para conocerte y amarte. Todos sabemos lo difícil que es eso. Mucho más lo es cambiar nuestras convicciones y hábitos respecto a nuestras relaciones, las relaciones amorosas y el amor.

Pero si lees este libro y te lo tomas en serio, *podrás* permitirte abrirte y ser natural, y así saber mejor quién eres y qué es lo que quieres. *Puedes* empezar a relajarte, a sonreír a tus miedos y a desarrollar el valor de ser más auténtico y sincero. Esto te servirá para que te vean y te amen por lo que eres, en lugar de esconderte y alejar a los demás. A medida que te vayas sintiendo más segura o más seguro, te preocupará menos la forma en que te responden y gozarás de una mayor conexión en tus relaciones. La desesperación por querer tener una pareja cederá el paso a aprender a vivir desde tu esencia, que es amor puro, compasión y comprensión. Asimismo, si quieres un amante o una pareja, este libro te ayudará a encontrarla. Ha llegado el momento de iniciar el viaje...

Primera parte

PREPARARTE PARA EL AMOR

Andar por el sendero de la verdad y el amor incondicional

1 SI BUDA (O CUALQUIER OTRA PERSONA QUE SIGA UN CAMINO ESPIRITUAL) TUVIERA CITAS ROMÁNTICAS

Buda no tenía citas, por supuesto. En realidad, eso no se estilaba en su tiempo. En su cultura, al igual que en muchas otras, se hubiera considerado primitivo que un hombre y una mujer jóvenes fueran el uno detrás del otro, que buscaran pareja ellos solos.

Buda tampoco era budista. El término lo crearon sus seguidores. Significa 'el iluminado' o 'el que está despierto'. Según el libro de Walpola Rahula *Lo que el Buda enseñó*, se llamaba Siddhartha Gautama, hijo de la reina Maya y de Suddhodana, el rey de los sakya. Lo casaron a los dieciséis años con una bella princesa, y aunque en palacio contaba con todas las comodidades inimaginables, quiso encontrar una solución al sufrimiento universal de la humanidad.

A los veintinueve años, poco después del nacimiento de su primer hijo, abandonó su palacio para convertirse en un asceta, lo cual implicaba vivir con extrema simplicidad, pobreza y castidad. Durante seis años fue de un lugar a otro, conoció a grandes maestros, estudió sus métodos y se sometió a rigurosas prácticas espirituales. Pero nada de esto le proporcionó las respuestas que buscaba, de modo que abandonó los métodos tradicionales y, a los treinta y cinco, se iluminó, después de haber estado meditando durante cuarenta y nueve días bajo el árbol del *Bodhi** o árbol Bo, es decir, el árbol del conocimiento. Se dio cuenta de que solo existía una realidad (que la forma es vacuidad y que la vacuidad es forma), que todos estamos hechos de una misma sustancia y que estamos interconectados. Durante los siguientes cuarenta y cinco años impartió sus enseñanzas a todo aquel que buscara su sabiduría, a reyes y campesinos por igual. En vez de decirles «adoradme», le pedía a la gente que se liberara de sus ilusiones, para poder conectar con su resplandor interior o, como afirman algunos, con la esencia luminosa de su ser: la fuente natural de compasión, bondad y tranquilidad. Estaba convencido de que desde ese estado somos capaces de vernos con claridad, sin expectativas ni imágenes del pasado.

Siddhartha Gautama pasó a ser conocido como el Buda o el Iluminado, pero jamás dijo ser nada más que un ser humano. Aunque el budismo suele tener fama de austero, en realidad abarca todo lo que somos como humanos. Al mismo tiempo, nos ayuda a trascender nuestra especie de narcisismo egocéntrico, porque en vez de identificarnos con el contenido de nuestra experiencia, nos identificamos con el propio estado de conciencia.

---

* N. de la T.: *Bodhi* es un término pāli y sánscrito, que tradicionalmente se traduce como 'iluminación' o 'despertar'.

La iluminación no significa llegar a ser divinos.
Por el contrario, se trata de ser más humanos
[...] supone el fin de la ignorancia.

LAMA SURYA DAS, *El despertar del Buda interior*

Los primeros practicantes del budismo solían ser monjes, que habían hecho voto de pobreza y de celibato. Esta es la razón por la que en los textos budistas no se habla demasiado sobre la sexualidad y las relaciones, además del hecho de que muchos maestros son célibes. En Occidente, sin embargo, los practicantes budistas están empezando a explorar cómo podemos compaginar la sexualidad con las relaciones en nuestro viaje espiritual.

¿Qué supondría aplicar la conciencia búdica a nuestras citas románticas? En lugar de sentir premura, nos fascinaría el proceso de quedar con alguien y llegar a conocer personas nuevas. La compasión, la atención y la bondad hacia los demás sustituiría a «conseguir que alguien esté con nosotros». Y jamás intentaríamos controlar a otra persona. No pondríamos a nadie en un pedestal, ni a nosotros por debajo. Recordaríamos que en el camino espiritual, la finalidad de cualquier relación es que nos ayude a despertar y llegar a conocernos a fondo a nosotros mismos y a nuestro amado o amada, sin juzgar y sin que se interponga el orgullo. En este camino, nos adentramos en un estado de unión compartida donde amamos y nos entregamos el uno al otro, a la vez que expandimos nuestra capacidad de amar incondicionalmente. También aceptaríamos que el proceso puede ser duro, impredecible, desafiante y sorprendente.

En el budismo, hay prácticas y enseñanzas, pero no dogmas rígidos. Se te anima a que hagas lo que consideres conveniente para estar más despierto. Si quedáramos con alguien asumiendo una conciencia búdica, no existirían «reglas» diferentes para hombres y para mujeres, porque los buscadores que siguen el camino no se diferencian por su género. Esto no significa que no haya diferencias entre los hombres y las mujeres, sino que en lugar de clasificar a las personas, les preguntamos una y otra vez: «¿Quién eres?». Conocemos a la gente personalmente sin imponerles estereotipos. En el capítulo nueve hablaremos más de la idea de la igualdad espiritual.

El budismo se basa en el autoconocimiento, en una exploración intrépida de todo lo que somos, para que podamos ser nuestros propios amigos. Tener una cita desde una conciencia búdica significa que hemos de estar dispuestos a confrontar cualquier aspecto interior que nos provoque miedo o ansiedad. Cuando empezamos a desear salir corriendo, engañar, mentir o ponernos una máscara, es que hemos de plantar cara a nuestros temores, sentarnos y hablar con ellos hasta que nos hagamos amigos. Esto no significa que no tengamos la meta de eliminar nuestro miedo, sino que lo aceptamos como parte de nuestro viaje evolutivo.

Iniciamos nuestro viaje teniendo siempre presente que existe una relación circular entre nuestra habilidad de conocernos y amarnos mutuamente y la de conocernos y amarnos a nosotros mismos. Me apresuro a añadir que amarnos a nosotros mismos no significa que seamos perfectos, que no tengamos problemas, que estemos equilibrados o cualquiera de esas cosas que se suelen decir. Significa que somos completamente sensibles a nuestra humanidad: la aceptamos, nos compadecemos y nos divierte.

En última instancia, cuando vamos haciendo las paces con nosotros mismos y dejamos de exigirle al universo que nos traiga un amante, vamos adoptando una actitud más receptiva para conocer a esa persona especial con la que compartir este viaje de despertar.

Supón que te frotas tu ética piel hasta que reluzca,
pero en tu interior no suena la música; entonces, ¿qué?

El hijo de Mahoma lee detenidamente las palabras,
y señala esto y aquello,
pero su pecho no está empapado de amor;
entonces, ¿qué?

El yogui viste su conocido hábito naranja,
pero en su interior no hay color;
entonces, ¿qué?

KABIR, *The Kabir Book* [El libro de Kabir]

2 SIENTA TU BASE EN LA SABIDURÍA ESPIRITUAL

Soy un apasionado buscador de la verdad,
que no es más que otro nombre de Dios.

GANDHI

La forma de sentar nuestra base espiritual es adquirir este compromiso interior: «Me quiero más que a ninguna otra cosa. Quiero vivir con integridad y en la verdad. No voy a esconder la joya que soy ni voy a enmascarar mis imperfecciones. Sin regateos, sin evitar la realidad, sin estafarme, sin mentiras». Cuanto más sólido sea nuestro compromiso y más nos aceptemos, mejor podremos entregarnos a amar a otra persona, porque no tendremos nada que ocultar ni de qué avergonzarnos. Nuestro compromiso espiritual con la verdad y la integridad crea un lugar seguro en nuestro interior: un amarradero, un hogar al que regresar cuando las cosas se ponen feas. Esto es sumamente importante en el proceso de las citas románticas, porque un nuevo amor puede reavivar nuestros sentimientos más primitivos de miedo, esperanza, dependencia y vacío. Si sabemos cómo calmar nuestro dolor y relajarnos en nuestro vacío, no tendremos miedo de abrirnos y ser sinceros, sea cual sea el resultado.

Si sucumbimos al miedo, empezaremos a reprimirnos y a entrar en el conocido juego del acercamiento y el alejamiento. Cuando recordamos que nuestro puerto seguro depende de nuestro nivel de conciencia y de nuestra integridad, no es tan probable que hagamos concesiones, nos pongamos máscaras o actuemos como si fuéramos un camaleón para atraer a una pareja o mantener una relación tóxica. Si vivimos en la integridad puede que suframos, pero siempre nos sentiremos seguros en nuestro interior.

La sabiduría espiritual trasciende todas las religiones y prácticas espirituales. He escuchado muchas veces que uno debe elegir un camino y ceñirse a él. Yo pertenezco a La Sociedad de los Amigos, más conocida como los cuáqueros, he recibido la iniciación como *murid* (discípula sufista), practico yoga regularmente, asisto a seminarios sobre psicología cuántica y sigo muchas de las enseñanzas budistas, incluida la práctica del *tonglen*. También soy sanadora de *reiki*. Este es mi camino. Tal vez te estés preguntando: «¿Cómo puedes hablar de camino en *singular*?».

Ser autoconsciente es ser autoconsciente, el amor es amor, la compasión es compasión, la bondad es bondad. El primer precepto de la orden budista fundada por Thich Nhat Hanh es: «No idolatres ninguna doctrina, teoría o ideología o te vincules demasiado a ellas, ni siquiera a las budistas». La fuente de la sabiduría y de la verdad es inmaterial. No hay reglas, ni casillas en las que encasillarte, ni un solo camino, ni absolutos en lo que respecta a sentar tu base en la sabiduría espiritual. Esta es la razón por la que no experimento conflicto alguno por mi afiliación a las diferentes prácticas que he mencionado. Todas ellas se centran en nuestra experiencia de vivir el momento presente con aceptación, mindfulness (atención plena), compasión, veracidad y amor, en todos los aspectos de nuestra vida. En otras palabras, se fundamentan en tus actos, no en tus creencias.

Dado que este libro se basa en estas tradiciones, hablaré un poco de cada una de ellas para que puedas conocer su sabiduría. Cada tradición posee diferentes ramas entre sus seguidores. Mis descripciones, que tienden a ser liberales, tal vez te inciten a reflexionar sobre tu propia sabiduría espiritual, la que te aporta el puerto seguro donde descansan tu mente y tu corazón.

El budismo gira en torno a la compasión, la bondad, la veracidad, la autoconsciencia y la percepción clara de la realidad. Muchos lo consideran una filosofía más que una religión. Las cuatro nobles verdades son el eje de sus enseñanzas. La primera es que el sufrimiento es inherente a la vida. La segunda es que nosotros creamos nuestro propio sufrimiento a través de nuestros apegos y exigencias de que las cosas sean diferentes. Podemos estar apegados al dinero, a las propiedades, a la comida, a las creencias o a otras personas. Es decir, cuando nuestra mente está ocupada con sus guiones, imágenes y fantasías sobre lo que creemos que hemos de tener, acabamos frustrándonos, decepcionándonos y siendo incapaces de vivir en el momento presente y valorar *lo que es*. Sufrimos. La tercera noble verdad es que aliviamos nuestro sufrimiento cuando abandonamos nuestras interminables exigencias y aceptamos *lo que es*. La cuarta verdad es que mediante la aceptación completa de *lo que es*, y viendo más allá de todos los deseos superficiales la verdadera esencia de todo lo que existe, podemos vivir en paz y con amor.

Es importante distinguir entre dolor y sufrimiento. Aunque las situaciones *dolorosas* son propias de la vida (pérdida, muerte, dolor y enfermedad), si las aceptamos como parte de esta, no sufrimos tanto. El sufrimiento se debe en gran medida a la agitación que generamos cuando *exigimos* que la vida sea «justa» y no incluya obstáculos, retos o enfermedades. Una vez que hayamos aceptado estos aspectos de la vida, podremos sobrellevarlos mejor o buscar soluciones.

Otro rasgo principal del budismo son los ocho indicadores que evidencian que estamos en el camino espiritual: aspiración correcta, entendimiento correcto, habla correcta, acción correcta, medio de vida correcto, esfuerzo correcto, concentración correcta y atención plena correcta. Como verás, el budismo tiene una visión muy terrenal de la existencia, que se centra en ser conscientes del momento presente en todos los aspectos de nuestra vida.

Ser conscientes de nuestros apegos o exigencias en las relaciones («Has de darme esto/hacer esto/ser de cierta forma») nos da la pista para saber por dónde empezar a aflojar el lazo que nos une a nuestro exigente ego. Cuando nos sentimos frustrados o somos susceptibles, manipuladores o exigentes, es porque estamos *apegados* a la idea de que alguien o algo ha de ser diferente. Cuando intentamos transformar a alguien para que se ajuste a la imagen que queremos, en vez de conocer a esa persona y apreciarla tal como es, estamos creando separación, frustración y soledad. A medida que nos vamos dando cuenta de nuestras exigencias e insistimos menos en que las cosas se hagan a nuestra manera, también aumenta nuestro estado de paz y conectamos con la compasión y la ternura.

Los budistas no hablan de Dios, sino más bien de la esencia o energía que mora en el interior de cada persona y de toda la creación. No existe ningún ser supremo ante el que debamos inclinarnos o que pueda decirnos lo que hemos de hacer. Al principio, puede que nos asuste un poco. Pero esto implica que la responsabilidad última es de nuestra conducta. Buda nos enseñó a refugiarnos en nosotros mismos, en la verdad y en su comunidad espiritual (*sangha*). Poco antes de su muerte, Ananda, uno de sus amados discípulos, le pidió que le dejara instrucciones para dirigir la Orden de la *Sangha*. Buda vio que Ananda estaba triste y deprimido por su inminente muerte y en su más profundo deseo de darle consuelo y seguridad a él y a sus otros seguidores, le dijo:

Ananda, si hay alguien que cree que dirigirá la *Sangha* y que esta debe depender de él, has de dejarle, sin duda, que dicte sus propias reglas... Por consiguiente, Ananda, vive convirtiéndote en tu propia isla [apoyo]; convirtiéndote en tu propio refugio, en lugar de refugiarte en otro; haciendo del *Dharma* [verdad/enseñanzas] tu isla, haciendo del *Dharma* tu refugio.

WALPOLA RAHULA, *Lo que el Buda enseñó*

Buda enseñó que podemos refugiarnos en nuestro interior siendo conscientes de nuestros pensamientos, sensaciones físicas y apegos. No hemos de confundirlo con el egocentrismo; se trata del autoconocimiento, que adopta la forma de conocer y amar todas las cosas. Nos libera para que podamos conocer nuestra verdadera esencia. Uno de los aspectos fundamentales del budismo, que es esencial para las relaciones, es observar nuestros apegos o exigencias de que las situaciones o personas sean distintas de lo que son. Por desgracia, muchas veces, intentamos cambiar a los demás para que sean como nosotros deseamos, en vez de quererlos tal como son.

Otro aspecto del budismo que puede ayudarnos a recorrer el sendero espiritual de las relaciones es el concepto de la impermanencia. Todo está sujeto al cambio constante: nuestros pensamientos, células, hormonas, entradas del pelo, conciencia, relaciones y el paisaje que nos rodea. En vez de intentar congelar el momento presente y aferrarnos a él, debemos recordar que la vida es un proceso en el que siempre hemos de dejar ir. El ego quiere rituales en los que se pueda confiar y personas que siempre sean iguales. Pero ser libre significa que disfrutamos de esta caricia, de este beso, de este amanecer, y que no nos aferramos a ello. Esto a veces se describe como no dejar que el suelo que tienes bajo tus pies se vuelva demasiado sólido, que no esperes seguridad o previsibilidad.

Otra faceta del budismo es desarrollar una compasión valiente e ilimitada por nuestro propio sufrimiento y el de los demás. Como irás viendo en este libro, hay un tema repetitivo que es el de reconciliarte con todo lo que eres, porque todos tus aspectos son sagrados, todos forman parte de tu naturaleza búdica: tu miedo, tu tristeza, tu ira, tu confusión, tu belleza. A medida que vamos conociendo y aceptando estos aspectos, van dejando de tener poder sobre nosotros. Simplemente se convierten en *lo que es*.

Y, por supuesto, una de las principales prácticas del budismo es la meditación, que nos ayuda a ver nuestro proceso interior con claridad y a dejar de identificarnos con el sinfín de pensamientos que desfilan por nuestra mente. En todas las tradiciones orientales es básico que nos demos cuenta de que no somos nuestra mente, nuestros pensamientos, nuestros diferentes aspectos o nuestra personalidad. Somos esencia, espíritu o energía. Más adelante, en el capítulo treinta y uno, explicaré la práctica de meditación *tonglen*, un poderoso método para liberarnos de nuestro apego a nuestros pensamientos y para crear más espacio en nuestra mente y nuestro cuerpo.

El sufismo se puede definir como el camino del amor o de la apertura del corazón.* Mientras que la esencia del budismo es llegar a darte cuenta de que formas parte de todo lo que es, el sufismo se centra más en que resurjas como todo lo que eres. Sin embargo, el uno no niega la esencia del otro. Se trata más de una cuestión de énfasis. El sufismo es de Oriente Medio y, por ende, es más individualista que el budismo, que procede del Lejano Oriente, donde la gente se centra más en la comunidad que en el individuo. Aunque el sufismo procede de la tradición musulmana, muchos sufíes occidentales no se identifican con el islam. El sufismo, por su naturaleza, incluye el espíritu que transmitieron todos los profetas y todas las religiones. Del mismo modo que descubrir nuestra naturaleza búdica no entra en conflicto con otras religiones, podemos participar de las prácticas sufíes aunque también practiquemos otras tradiciones religiosas.

El sufismo nos insta a que conectemos con nuestra propia intuición para que podamos sintonizar con la vibración más elevada del universo: el amor puro. En esencia, se trata de reunirnos en el corazón místico. Los sufíes se refieren a un solo Dios que abarca toda la naturaleza y la vida sensible. Una de las frases más sagradas del sufismo es: *Iskh Allah Mabud Lillah*, 'Dios es amor, amante y amado'. Amarnos unos a otros es amar a Dios y amar a Dios

---

* N. de la A.: Esta descripción del sufismo proviene del material obtenido de conversaciones mantenidas con Shahir, Darvesha y Qahira, todas ellas maestras sufíes.

es amarnos: no existe separación. Otra frase es: *La illa ha il Allah*, 'no hay más realidad que lo uno', o lo que es lo mismo, 'no hay más realidad que Dios'.* Este concepto también lo hallamos en la esencia del budismo.

La música y el movimiento siempre han formado parte de la práctica sufí, junto con numerosos ejercicios de respiración y meditación. Las Danzas de Paz Universal** tienen su origen en las prácticas sufíes. El *zikr*, una práctica de cánticos, primordial en el sufismo, se basa en el mantra *La illa ha il Allah*, y cuando se hace en grupo, está diseñado para alentar la experiencia de que todos somos un mismo sonido, una misma vibración de energía. En última instancia, el *zikr* se practica para disolver el ego y ser capaces de sentir la tranquilidad, la paz y la seguridad del Uno.

La relación maestro-discípulo es de recíproca sintonía, amistad y amor. El maestro sabe lo que necesita el discípulo en cada momento. Por ejemplo, una vez, mi maestra, Shahir, me estaba enseñando prácticas de respiración, cuando se detuvo de pronto y me preguntó: «¿Cómo llevas lo de la pérdida de tu amigo?». Casi me puse a llorar porque eso era de lo que realmente necesitaba hablar. Asimismo, el discípulo está en sintonía con el maestro y con las prácticas espirituales que mejor se adaptan a sus

---

* N. de la T.: Otra traducción muy extendida es 'nada ni nadie es digno de ser alabado excepto Dios (o Alá)'.
** N. de la T.: Movimiento espiritual con el que, a través de meditaciones danzadas en grupo, realizan su trabajo de crecimiento personal y conciencia grupal.

necesidades. El sufismo, al igual que el budismo, ayuda a las personas a encontrar su fuente de sabiduría interior, que les permite ayudar realmente a los demás.

El sufismo enfatiza el servicio a los demás. Cuanto más lo practicas más capaz eres de aceptar la responsabilidad por las almas que llaman a tu puerta a medianoche. Alcanzar un grado de conciencia más elevado y tener el corazón abierto no tiene tanto mérito como tener una responsabilidad. Cuando empiezas a trabajar tu respiración o a practicar las técnicas del sonido, es como decir: «Estoy dispuesto/a a ir a un nivel más profundo de servicio. Estoy dispuesto/a a disolver mi falso ego, que está creando la ilusión de la separación, para poder hacer el trabajo del alma». Cuando puedas escuchar el espíritu en tu interior –tu conexión con el Uno– sabrás lo que tienes que hacer.

QAHIRA, maestra sufí

Las reuniones sufíes suelen ser festivas y amenizadas con canciones, cánticos y danzas circulares diversas que se basan en textos de todas las tradiciones religiosas. Las mujeres suelen llevar faldas hindúes con estampados muy coloridos o chales alrededor de la cintura y algunos hombres llevan ropa no occidental de colores. Mientras muchas enseñanzas espirituales fomentan la disciplina, la austeridad y el sufrimiento, el sufismo nos recuerda que las prácticas espirituales para abrir nuestro corazón pueden incluir belleza, alegría y celebración.

Las creencias cuáqueras tienen su origen en el cristianismo, aunque muchos de sus miembros y participantes no se consideren cristianos. Para los cuáqueros la verdad está por encima de todo, es lo más sagrado, es superior a los libros, las enseñanzas, los rituales o las prácticas. Como sucede con todas las tradiciones místicas, los cuáqueros se centran en la *experiencia* del amor, la conexión y el espíritu manifestándose a través de nosotros, en lugar de centrarse en el dogma o en los símbolos.

Los cuáqueros hablan de «ser guiados» o de «ser llamados» a hacer algo. Su compromiso es escuchar su voz interior y tener valor para seguirla. En las reuniones cuáqueras, donde los amigos se sientan en silencio formando un círculo, si alguien se siente inspirado por el espíritu a levantarse y hablar, lo hace; de lo contrario, se guarda silencio. (Esta es una práctica de la que se pueden beneficiar casi todas las relaciones). Su práctica de adoración carece de dogmas, iconos, ministros o textos sagrados. Todos los miembros tienen acceso directo al espíritu o a Dios. No existe el materialismo espiritual y hacen hincapié en el servicio, el silencio y la simplicidad. En estos aspectos, las filosofías cuáquera y budista son iguales.

Los cuáqueros, además de los aspectos místicos de sus prácticas espirituales, cuentan con una larga historia de activismo social: creen que la forma de afianzar su fe es actuando contra la opresión y la injusticia y siendo útiles a las personas que sufren. Suelen decir esta frase: «Di la verdad al poder», que es un recordatorio de nuestra responsabilidad de alzar la voz contra la injusticia o la opresión, aunque seamos los únicos.

Las reuniones cuáqueras tienen un comité especial, a veces llamado ministerio o consejo, cuya tarea es estar en sintonía con la vida espiritual de la reunión y ayudarla a crecer y a florecer. Es como el maestro sufí que está en sintonía con su discípulo. Todas las reuniones, incluidas las de negocios, bodas y funerales, se consideran reuniones para la adoración, que significa que aportamos seriedad y respeto a todo lo que hacemos. Una de las formas de cuidarnos mutuamente es a través de comités de claridad. Los miembros pueden solicitar un comité para que los ayude a tomar una decisión, con un trabajo, una relación o un tema espiritual. Los cuáqueros dicen que sientes la claridad interior cuando has encontrado la verdad respecto a una situación. Los sufíes afirman que todas las personas viven en el corazón místico de Dios. Distintas formas de expresarlo, pero un mismo mensaje. Comoquiera que sea, recuerda que el silencio, la práctica y la voluntad de reflexionar interiormente y dejar de identificarnos con las fluctuaciones de nuestros pensamientos te ayudarán a arraigarte en el camino espiritual. Cuanto más profundices en tu compromiso de conocerte y te reconcilies con todas tus partes, la misericordia y la compasión empezarán a florecer espontáneamente, puesto que estarás viviendo desde tu esencia. Esto, a su vez, te liberará para dar y recibir amor.

Cualquiera que sea la práctica que utilices, lo que marcará la diferencia será tu dedicación. Puedes entonar un cántico y una oración distraídamente, disociar cuando meditas o verbalizar enseñanzas para impresionar a la gente. O puedes afrontar cada momento de tu vida con compasión y conciencia.

En *Comienza donde estás*, Pema Chödrön dice:

Lo que haces por ti —cualquier gesto de sinceridad y visión clara respecto a ti mismo— influirá en tu forma de experimentar el mundo. De hecho, transformará tu experiencia de él. Lo que haces por ti lo haces por los demás, y lo que haces por los demás lo haces por ti.

3

¿A QUÉ SE DEBE EL ANHELO DE QUERER TENER UNA RELACIÓN SENTIMENTAL?

*Quiero esta música, este atardecer y el
calor de tu mejilla contra la mía.*

RUMÍ, *Like This, 43 Odes* [De este modo, 43 odas]

Deseas tener pareja. Podría ser maravilloso tener un refugio, un compañero con quien pelearte, una persona con la que compartir tu viaje. Podemos realizar el esfuerzo conjunto de buscar a alguien que camine a nuestro lado, pero sin que nos desvíe de nuestro sendero. Para ello necesitas el deseo espiritual de querer conectar, de querer romper nuestras barreras y de sentir que el amor es el espíritu del universo que fluye entre nosotros.

*¡Hay un pez sediento en mí
que jamás puede saciar su sed
de aquello que anhela!
Que mi casa sea absorbida por la ola
que se formó anoche en el patio oculto
del interior de mi pecho.*

RUMI, *Like This, 43 Odes* [De este modo, 43 odas]

El poeta sufí Rumi combina nuestro deseo de amor humano con nuestro anhelo de unión con lo divino. Las poderosas imágenes de tener un pez en nuestro interior o de ser absorbidos por la ola se pueden interpretar como una entrega al amado *y* al estado de beatitud. Se convierten en una misma cosa. Cuando abandonamos nuestro ego y nuestras exigencias por completo, aunque solo sea por un momento, saboreamos la dulzura del amor. La frase «El pez en el agua no tiene sed», de las Danzas de Paz Universal, da a entender que todos tenemos sed de lo que nos rodea y que basta con abrirnos al amor ilimitado que está en nuestras manos, cuando liberamos nuestro corazón.

Nuestro anhelo de estar conectados es inherente a nuestra naturaleza humana. Somos seres tribales, y nuestra salud, alegría y felicidad están íntimamente ligadas a nuestra conexión con los demás y con nuestro espíritu. Anhelar un amante es una expresión de nuestro anhelo de despertar a nuestro corazón, de conocer el amor.

A veces, sin embargo, ese anhelo de encontrar un amante se convierte en un apego que causa sufrimiento. La mayoría de las canciones populares tratan de desengaños amorosos: «Me hago pedazos cada vez que oigo tu nombre», «Tú eres todo para mí», «No puedo estar sin ti»... La mayoría de las personas que hemos perdido a nuestra pareja hemos sentido el dolor intenso en nuestro interior al enfrentarnos a nuestro vacío. Hemos otorgado a nuestro amigo especial el poder de darnos y arrebatarnos nuestra felicidad, y a raíz de ello, hemos sufrido porque se nos ha olvidado que el espíritu está tanto dentro como fuera de nosotros. Nadie puede «hacernos felices». Si aceptas que tu anhelo de tener un amante es, en realidad, tu deseo de trascender tu rígido ego y liberarte de él, te comprometerás a ser consciente durante tu viaje.

> *¡Muéstrame tu camino hacia el océano!*
> *Acaba con estas medias tintas,*
> *con estos recipientes mediocres.*
>
> **RUMÍ,** *Like This, 43 Odes* [De este modo, 43 odas]

Como intrépido viajero en el sendero del amor, te abres a todo lo que se presenta en tu camino —dolor, miedo, necesidad, alegría, beatitud—, lo invitas a entrar, lo observas, te reconcilias y lo dejas ir. Este compromiso de estar despierto o despierta te liberará de tu represión y te dejará sentir el rugido, el ronroneo, el destello y el aliento del espíritu recorriendo tu cuerpo, sensual y vivo.

Si solo buscas refugio, seguridad y consuelo, convertirás tu relación en una cárcel y se esfumará tu vitalidad. Krishnamurti, el famoso maestro espiritual y autor de numerosos libros, escribió: «Si en una relación no hay tensión [en el sentido de que no se profundiza en el conocimiento del yo y de los otros], deja de ser una relación y se convierte meramente en un cómodo estado de sueño, en un opiáceo, que es lo que prefiere y desea la mayoría».

Nuestro anhelo es nuestro deseo de que nos conozcan por completo. Imagínate que tu amado te está mirando tiernamente a los ojos, deseando conocer todos tus secretos, que te ha visto enfadada y cariñosa, que conoce tu egoísmo y tu generosidad y que aún así te ama realmente. Imagínate que eres capaz de hacer lo mismo. Ese es el potencial de una relación consciente.

Es posible que nuestro ego se rebele contra esta exploración, porque quiere tener la exclusiva de nuestras veneradas creencias respecto a quiénes somos, qué es lo que está bien y qué necesitamos. Nos acercamos al amor y, de pronto, nuestro ego construye un muro. *Peligro, retrocede.* El ego tiene miedo a rendirse. Nuestra alma, sin embargo, desea que rompamos nuestro armazón, que nos lancemos al mar y que nos desnudemos ante nosotros mismos y ante los demás. Este acto liberador nos permite experimentar *todo lo que es* en nuestro interior: el poder de nuestra sexualidad y pasión, de nuestra creatividad, generosidad y ternura, conjuntamente con nuestros aspectos quejumbrosos, temerosos, dependientes, controladores, vacíos, violentos o caprichosos, por no hablar de aquellos aspectos de nuestro yo que pueden llegar a ser retorcidos y manipuladores.

Aunque nuestra mente intente clasificar estos rasgos como buenos o malos, no son ni lo uno ni lo otro, tan solo son aspectos de nuestra humanidad. En el budismo, nadie juzgará el punto del camino en el que te encuentras. Las alegrías y los obstáculos reflejan tu estado de conciencia momentáneo. Enfadarte, tener miedo u obsesionarte no es negativo, sino un mensaje. A veces, es un grito que viene de dentro que te dice: «Estoy aquí, deja de esconderte de mí, necesito tu atención». Déjate llevar por la fascinación y la curiosidad que te despierta tu mundo interior, sé consciente, minuto a minuto, de tus juicios, reacciones, miedos y sufrimiento: «No debería sentirme así». Lo que sientes es lo que sientes y lo que piensas es lo que piensas. En vez de interrumpir esta corriente de pensamientos y sentimientos, permanece con ellos, obsérvalos, indaga en sus orígenes. Son tus maestros. Toda transformación empieza por ser conscientes.

4

NO TE DESVÍES DE TU CAMINO

Tu vida cotidiana es tu templo y tu religión. Cuando te adentres en ella hazlo con todo tu ser.

KHALIL GIBRAN, *El profeta*

*E*res un ser único en todo el mundo. Tienes dones, talentos, puntos fuertes y capacidad para sentir una extensa gama de emociones. Del mismo modo que tenemos primavera, verano, otoño e invierno, los mares tienen mareas, la luna crece y decrece, y tu tienes un mundo interior fluido y cambiante. Posees un rico potencial para amar y odiar, para la alegría y la tristeza, para la ternura y la pasión. La finalidad de tu viaje es conocerte a ti mismo.

No desviarte de tu camino significa que jamás te abandonarás poniendo en peligro tu integridad o menospreciando tu intuición o las señales que te envía tu cuerpo: el nudo en el estómago, el desapego emocional o la pérdida de energía que nos indica que nos falta algo. Aprendes a darte cuenta de que «has sobrepasado tus límites», que estás entre la espada y la pared, que te asusta lo que ves, que sabes lo que sabes o sientes lo que sientes. Cuando la gente está al límite suele huir mediante diversas tácticas como la insensibilización, la distracción, cambiar de tema, contraatacar, darse atracones, beber en exceso o culpar a alguien.

Puede que lleguemos al límite cuando alguien nos hiere o nos ama más que nosotros a nosotros mismos. A mucha gente le cuesta más permitir que el amor atraviese su corazón que tener relaciones caóticas y dolorosas. Recuerdo que cuando era adolescente un joven llamado Eddie, al que apreciaba mucho, se interesaba por mí. Me gustaba, me sentía bien a su lado, hasta que un día, sencillamente, me enfrié y ya no pude seguir hablándole. Al cabo de muchos años, comprendí que temía que su amor llegara a mi corazón y liberara un torrente de sufrimiento y dolor. Salir con hombres que me hicieran pasar hambre emocionalmente era más seguro.

No desviarte de tu camino implica cuidar de ti y recordar que eres el centro de todo, una esencia luminosa capaz de ser compasiva y de amar. Los budistas utilizan muchas imágenes para describir nuestra imperfección interior: el sol que se oculta detrás de las nubes, una olla repleta de oro enterrada en el suelo, una joya escondida en el fango junto al camino. Con la imagen de la joya, podemos recordar que la piedra preciosa es bella, radiante y reluciente, pero a menos que alguien la desentierre y le limpie el barro, no podrá brillar ni ser valorada. La mayoría de las personas tenemos capas que cubren nuestra joya interior (falsas creencias y máscaras que bloquean nuestra conexión con nuestra esencia perfecta).

Según Stephen Wolinsky, en su *The Tao of Chaos* [El tao del caos], todos iniciamos nuestra vida como seres *esenciales*, totalmente espontáneos y libres, sin recuerdos o asociaciones. «A medida que nos van condicionando, programando y enseñando qué aspecto hemos de tener, cómo hemos de ser, de comportarnos, de actuar, qué hemos de imaginar, sentir y pensar, nuestra esencia va desapareciendo bajo todas las "identidades"* que vamos asumiendo», escribe. Aprendemos a complacer a mamá, a sonreír para tener compañía, a sacar buenas notas y a hacer infinitas adaptaciones para ser vistos y amados. Al final, perdemos el contacto con nuestra esencia y hasta llegamos a temerla. Según Wolinsky: «Si una identidad entra en este vacío [...] se imagina la aniquilación, la no existencia, la muerte. Esta vacuidad interna es la esencia interior que todos estamos buscando y que contiene cualidades esenciales como el amor, la paz, el poder, la invulnerabilidad y otras, y que son inherentes a su naturaleza».

Una pregunta que planteó Wolinsky en un taller para ayudar a los participantes a sentir esa esencia fue: «Sin mente, memoria o asociaciones, ¿qué sería el amor?». Me quedé completamente en blanco al escuchar esta pregunta, porque sin mente, memoria o asociaciones, solo hay esencia.

---

* N. de la T.: La autora escribe «*I-dentities*», pues en inglés *I* significa 'yo', y de este modo le da un doble sentido a la palabra; sería como decir «las identidades del yo».

Seguir nuestro camino sin desviarnos de él significa aprender a reconocer las adaptaciones y las identidades que hemos asumido para sobrevivir y complacer a los demás. Para ello primero tendremos que reconocerlas y darnos cuenta de que solo son diferentes capas de nuestro ser esencial. Son las voces que nos dicen: «Ve con cuidado, no te acerques demasiado», «Ya no puedes seguir confiando» o «¿Quién necesita el amor?». Son las formas en que nos protegíamos cuando éramos niñas y niños. Pero ya somos adultos. Ahora podemos trascender las percepciones de seguridad que teníamos en la infancia. Cuando nos desprendemos de estas identidades y dejamos de creer que son reales, somos libres para vibrar en la misma frecuencia que el corazón de nuestro amante (con caricias, entregando, recibiendo y conectando).

El camino espiritual destroza el cuerpo y luego le restaura la salud. Destruye la casa para desenterrar el tesoro y con él construye una mejor.

RUMÍ, *Like This, 43 Odes* [De este modo, 43 odas]

No desviarnos de nuestro camino implica conocer el ritmo, el tono y el pulso de nuestro mundo interior esencial: nuestra canción única y personal. Cuando dos personas unen la riqueza de su música interior, dan paso a la oportunidad de crear una nueva composición, un contrapunto, una armonía, unen sus voces y crean una obra mágica. Si no estamos conectados con la música de nuestra esencia e intentamos hallar la felicidad a través de otra canción, desarrollaremos una dependencia y una relación exenta de armonía.

Algunas preguntas para reflexionar si estás considerando tener una relación en el sendero espiritual:

- ¿Cuáles son los pensamientos y creencias (las falsas identidades) que limitan tu vida?
- ¿Cómo huyes cuando sobrepasas tus límites?
- ¿Qué te ayudaría a dejar de huir y a sentarte en silencio cuando estás al límite?
- ¿Qué te ayudaría a tener el valor para indagar en tu interior, poner a prueba tus creencias y vivir con ansiedad, confusión y malestar?

Es probable que tengas que hacerte estas preguntas muchas veces y escuchar en el silencio para oír las respuestas. Tal vez también oigas la indignación del ego: «¿Cómo te atreves a cuestionar mis pensamientos, mi personalidad y mis creencias?». Pero no cedas.

Haciendo naufragar tus ilusiones podrás encontrar la joya que en realidad eres. *El camino espiritual es, ante todo, el proceso de autodesenmascararnos, más que de cambiar o enmendar.* Nuestra tarea es crear una grieta a través de la cual podamos colarnos e ir reblandeciendo capa tras capa de las identidades y máscaras que hemos ido creando, para protegernos de las falsas creencias esenciales, con las que tapamos nuestras heridas, pérdidas y soledad.

Hemos de empezar por ser conscientes de nuestras máscaras, sentir curiosidad por su propósito, divertirnos con su inteligencia, pero siempre recordando que las máscaras son simplemente máscaras, que no son capaces de amar. Podemos eliminar esas capas de miles de formas: cuando miramos con ternura a alguien y le decimos: «Me preocupo por ti». Cuando dejamos de fingir y reconocemos: «Tengo miedo, me siento incompetente». Podemos susurrarle en voz baja a nuestro amado o amada: «Tengo miedo; ¿podemos compartir este miedo?». Lo más importante es reconocer nuestro miedo, en vez de atribuírselo al tiempo, a los astros o a otra persona.

Cuando te sacas la máscara, invitas a los demás a que hagan lo mismo. Algunas personas aceptarán la invitación, otras saldrán corriendo, porque empezarán a ser conscientes de sus propias envolturas. Se alejarán de ti y te sentirás todavía más solo. Pero recuerda, si lo que quieres es amistad y amor, si deseas conocer la belleza, deberás recorrer el camino sin disfraces.

No desviarte de tu camino significa vivir con integridad, aunque duela. Si conocemos a alguien y sabemos que no es bueno para nosotros, no nos quedaremos con esa persona por conveniencia, hasta que aparezca alguien mejor en nuestra vida. No nos haremos daño ni se lo haremos a los demás paralizando de pronto nuestra vida para correr a ciegas detrás de una nueva ilusión.

Hemos de ser conscientes de nuestro embaucador interior: el ego, ese que con sus múltiples disfraces nos canta una canción de cuna para que nos durmamos. Nuestro embaucador es el liante que llevamos dentro: el que racionaliza, busca excusas, nos aleja, nos hace soñar con el príncipe o la princesa perfectos; el que piensa que nadie es lo bastante bueno o nos hace creer que podemos encontrar a alguien que nos cuidará y nos dejará hacer lo que queramos y que, al fin, podremos renunciar a responsabilizarnos de nosotros mismos. A veces, nuestro embaucador se pone la máscara de un sabio o un maestro, que tiene consejos para todos, para desviarnos de nuestras propias inseguridades y temores. Recuerda que la actuación del embaucador no es más que una forma de enmascarar el miedo. Es el muro que nos separa de nuestra esencia. En el camino espiritual, hemos de convertirnos en guerreros y guerreras amables (curiosos, gentiles y vigilantes de nuestras propias argucias) y susurrarnos a nosotros mismos: «Despierta».

5
OBSERVA TUS RELATOS MENTALES

El origen de las relaciones conflictivas y de los miedos a salir con alguien o a entregarse al amor está en nuestros propios relatos mentales. Tuvimos una mala experiencia, reaccionamos emocionalmente y, luego, creamos una historia para darle una explicación o aliviar nuestro sufrimiento. Con el paso del tiempo, nos la fuimos repitiendo hasta que adquirió vida propia y empezó a convertirse en el guion que interpretamos. A Laura le gustaba ir a clase de violín cuando era joven, pero le costaba mucho. Un día, estaba ensayando una pieza particularmente difícil, y su profesora, en un momento de frustración, le dijo: «No tienes talento para la música». A partir de ese día, se alejó de todo lo que tuviera que ver con ello. Ni cantaba ni bailaba, ni tocaba ningún instrumento. La afirmación «no tienes talento para la música» era tan ubicua que acabó solidificándose en su mente como si fuera hormigón. Ni siquiera cantaba el cumpleaños feliz en las fiestas y le devoraba la ansiedad cuando la invitaban a participar en una danza folclórica en alguna fiesta escolar.

Al cabo de muchos años, conoció a un hombre al que le encantaba bailar. Un día, la invitó a ir con él a una discoteca.

—¡No, no sé bailar! —exclamó ella notablemente nerviosa.

—¡Tranquila, no pretendía asustarte! —le dijo él al percatarse de su pánico—. ¿Quién te dijo que no sabías bailar?

Cuando le contó la historia del violín y su creencia de que no tenía talento, él sonrió y le respondió:

—Pero eso no significa que sea cierto.

Su observación fue como si un rayo láser hubiera fulminado su arraigada creencia. Poco a poco, con su ayuda y su paciencia, aceptó aprender algunos pasos de baile sencillos. Cuando descubrió que no solo podía aprender a bailar, sino que le gustaba, se dio cuenta de que había condicionado drásticamente su vida, por la historia que había creado su mente, a raíz de un comentario desagradable y desconsiderado que le había hecho alguien, mucho tiempo atrás.

Todos nos montamos historias basándonos en el trato que recibimos de nuestros padres, de la iglesia, de la religión y de los maestros. Estas creencias se instalan en el sistema límbico del cerebro y nos las creemos como si fueran verdades absolutas, en lugar de ver que son solo ideas que albergamos en nuestra mente. Se convierten en «actos reflejos» que parece que no podemos controlar. Ordenamos nuestras experiencias en torno a estas falsas creencias y se convierten en el filtro a través del cual interpretamos las situaciones y a las personas, y reaccionamos a ellas. Si estás convencido de que «siempre te abandonarán», crearás situaciones de abandono y no serás capaz de distinguir a la gente leal. Nuestra misión en el camino espiritual es dejar de repetirnos siempre las mismas historias y darnos cuenta de que estamos invitando a nuestra vida a los personajes que confirmarán nuestros relatos.

Aunque como individuos tengamos muchos rasgos de nuestra personalidad, según el sistema eneagrámico, que se basa en las antiguas enseñanzas sufíes, existen nueve tipos de personalidad básicos y en cada ser humano predomina uno de ellos, aunque por lo general tenemos algunos rasgos de varios de ellos. Según Kathleen Hurley, autora de *My Best Self* [Mi mejor yo], bajo cada tipo de personalidad existe «una motivación inconsciente que hace que [nosotros/as] respondamos a la vida de una manera tan específica que acaba convirtiéndose en la fuerza motriz que modela [nuestras] vidas». Hay muchas más interpretaciones del eneagrama y de los nueve tipos de personalidad. Uno de los que más me gustan es la referencia de Stephen Wolinsky a las falsas creencias o falsos motivadores esenciales subyacentes a cada tipo de personalidad. Estas falsas creencias esenciales reflejan las conclusiones sobre nosotros mismos a las que llegamos a raíz de nuestros traumas o experiencias de la primera infancia. Wolinsky cita nueve creencias esenciales falsas que corresponden a cada una de las nueve personalidades del eneagrama. Tu creencia esencial falsa tiene un tremendo efecto en cómo reaccionas a las situaciones y hacia qué personas te sientes atraído o atraída para entablar amistad o relaciones sentimentales. A medida que nos vamos liberando de nuestras creencias esenciales falsas, o no nos identificamos tanto con ellas, nos sentimos más libres para vivir desde nuestra esencia. Observa si te resuena algo de lo que cito a continuación:

1. A mí me pasa algo raro.
2. No valgo nada.
3. No soy capaz de hacer...
4. Soy una inepta, un inepto.
5. No existo.
6. Estoy sola/o.
7. Estoy incompleta/o, me falta algo.
8. Me siento impotente.
9. El amor no existe, es un mundo cruel.

¿Te resulta familiar alguna de estas afirmaciones? ¿Te dan alguna pista de por qué te has sentido atraído/a hacia ciertas personas en tu vida?

¿Y si escucháramos durante todo un día, una semana o el resto de nuestra vida todas las historias que nos contamos desde la perspectiva de lo que en verdad son (un mecanismo de defensa contra nuestra falsa esencia, que impide que podamos conectar con la verdadera, que es libre, abierta, espontánea y creativa)? ¿Y si exploráramos nuestra historia con cuidado y ternura, recordándonos que ahora somos adultos, capaces de decidir por nosotros mismos? Nuestro ego se revelaría porque cree que nuestras historias son *reales*: ¡Hay *mucho tarado por ahí! ¡Fue una irresponsable total! ¡Mis padres* eran *mezquinos! ¡No me enseñaron a amar!*

Nuestro ego también se puede indignar si tenemos un ánimo desenfadado: «¿Te estás riendo de mi dolor?». Una de las historias principales es que nuestro sufrimiento es algo serio. Desde la perspectiva budista, recordemos que el dolor es un aspecto inevitable de la existencia humana. La causa del sufrimiento es nuestro apego a no sufrir. Sí, a veces sufrimos y eso importa. Sí, los acontecimientos del pasado nos han afectado y es cierto que hemos tenido que afrontar situaciones duras en la vida, pero ahora el trauma ha finalizado. ¿Qué nueva historia podemos escribir para empezar a liberarnos?

Así que cuando estás pensando en poner un anuncio en alguna red social, en tener una primera cita, en sentir atracción sexual por alguien o en que te amen, observa primero los relatos que se te ocurren. Observa las sensaciones corporales o los cambios en tus niveles de energía. Cuando me enfrasco en mis historias negativas noto una sensación árida y fija en mi pecho. Recuerda que todas tus historias están bien custodiadas por el miedo: miedo a verte tal como eres, a afrontar tu falsa esencia, a experimentar emociones humanas naturales como la alegría, el amor, el deseo, la pérdida, la ira y la pasión, y miedo a sentir la quietud en tu interior. Si consigues desapegarte de estas falsas creencias, aunque solo sea un poco, todo fluirá mejor en tu vida.

Una técnica muy útil y habitual en la práctica budista es que cuando nos damos cuenta de que nos hemos quedado absortos en nuestros pensamientos, simplemente decimos «pensamientos» y llevamos nuestra atención a la respiración, a la inspiración y la espiración. La idea es crear apertura y espacio no identificándonos tanto con nuestros pensamientos.

Detrás de nuestros relatos suelen ocultarse recuerdos dolorosos. La meditación, la EMDR (siglas en inglés de terapia de desensibilización y reprocesamiento por movimientos oculares) y la psicología cuántica, tal como dijo Wolinsky, son algunos de los métodos para trascender falsas creencias fundamentales. La clave para permitir que los recuerdos accedan a nuestro corazón es la compasión. Podemos recordar que nos hicieron daño o que estábamos solos y que hicimos lo que pudimos para consolarnos. Podemos decirle a ese aspecto de nosotros: «Entiendo por qué te sentiste así, pero ahora ya ha pasado, ya puedes dejarlo ir».

6 ACEPTA LA DANZA DE LA UNIDAD Y LA SEPARACIÓN

Imagínate a un bebé de unos dos meses, está en los brazos de su madre, mamando [...] a la deriva en el oceánico atemporal e ilimitado mundo de la primera infancia, su existencia y la de su cuidadora son una.

MAGGIE SCARF,
Intimate Partners [Compañeros íntimos]

*L*as relaciones íntimas requieren tener la habilidad de lograr la fusión y la separación a un mismo tiempo, unirse y desunirse, como si estuviéramos en un columpio que nos lleva de la unidad a la dualidad, creando un ritmo constante que, para muchas personas, conlleva sentimientos de ansiedad. A veces, experimentamos ansiedad porque enamorarse e iniciar una nueva relación despierta los sentimientos que tenemos guardados respecto a nuestro apego original hacia nuestra madre o principal cuidador. Hubo un tiempo en que estábamos unidos a nuestra madre y, a menudo inconscientemente, todavía anhelamos esa unión. Queremos que alguien nos abrace y nos cuide.

De bebés necesitábamos que alguien nos tuviera en sus brazos y nos protegiera para no caer al vacío; al mismo tiempo, necesitábamos estar libres para liberarnos de los brazos de nuestra madre y explorar el fascinante mundo que había a nuestro alrededor. Para esto era necesario tener una madre que supiera agarrarnos con fuerza en un momento dado, pero que también fuera capaz de soltarnos al siguiente. Si nuestros padres tenían problemas con esta dinámica de la unión y de la separación, es probable que no nos hicieran caso cuando nos tenían en brazos o que se sintieran incómodos cuando queríamos liberarnos, descubrir nuestros intereses o tener nuestras propias amistades. Nuestros padres nos han escrito un guion o nos han visto como un reflejo de sí mismos, en vez de considerarnos seres independientes.

Marcie recuerda que desde que era muy pequeña su madre la animaba a que estudiara medicina. Le compraba juguetes y libros de médicos, y tenían largas conversaciones sobre su futura carrera.

Era como si ella quisiera poder decir: «Mi hija, la doctora». No recuerdo que nunca me preguntara qué era lo que quería ser. También hablábamos casi todos los días sobre lo que yo comía y me pesaba constantemente, como si de su propio cuerpo se tratase. Le preocupaba muchísimo la clase social de los chicos con los que salía y se gastaba una fortuna intentando vestirme con prendas femeninas muy clásicas, cuando yo prefería unos tejanos. Estaba obsesionada conmigo, pero nunca estuvo realmente interesada en quién era yo.

Marcie se ponía muy nerviosa por el sentimiento de culpa que tenía cada vez que exploraba actividades que le gustaban, pero que no contaban con la aprobación de su madre, y sentía que, cada vez que salía con algún hombre de clase media baja, la estaba traicionando. Su madre no desperdiciaba la oportunidad de boicotear su relación. La madre de Marcie encaja en la figura clásica del narcisismo: alguien que contempla el mundo a través de sus propios ojos, escribe guiones para los demás y es incapaz de darse cuenta del efecto que tiene sobre ellos.

Los progenitores intrusivos o narcisistas transmiten a sus hijas e hijos el mensaje encubierto de que crearse una identidad separada es un crimen que se castiga con el abandono. Es decir, el progenitor inculca el mensaje: «Me haces daño si no estás de acuerdo conmigo, me haces daño si amas a alguien que no sea yo o si no eres como yo quiero que seas». Ponen a los hijos en el dilema de tener que elegir entre su deseo natural de realizar su auténtico yo y el de recibir la aprobación de sus progenitores. Se graban las falsas creencias: «Soy responsable de la felicidad de todos», «La verdad hace daño», «Me vas a hacer daño» o «No está bien ser tú misma». Esto dificulta mucho tanto el camino espiritual como las relaciones, debido al tremendo miedo que tenemos a ser auténticos, a crear conflictos o incluso a tener nuestras opiniones. Hasta que nos separemos emocionalmente de los progenitores intrusivos o controladores y nos liberemos del sentido de culpa que acompaña esa relación (que en realidad es una forma de ocultar nuestra rabia e ira), es probable que entablemos relaciones distantes o caóticas de tira y afloja.

Cuando se nos acerca alguien, solemos verlo como el padre o la madre crítico/a o intrusivo/a y malinterpretamos su motivación y su intención. Hablar abiertamente sobre nuestros temores y opiniones es como sacar anzuelos de nuestra garganta. En vez de experimentar unidad y separación, muchas veces vacilamos entre la sumisión y el desafío: entre ser el niño bueno o la niña buena, o el niño malo o la niña mala, el que obedece o se rebela.

Separarnos de un progenitor controlador puede hacernos sentir que lo estamos traicionando y que somos crueles. Para algunas personas es como dejar una adicción. Y la culpa (el síndrome de abstinencia) puede ser demoledora.

Para liberarnos de la culpa tendremos primero que conectar con nuestro resentimiento y nuestra ira. El delito de romper un vínculo de lealtad simbiótica es imprescindible; no obstante, solo forjándonos una identidad separada y encontrando nuestra auténtica voz podemos dar a luz a nuestro verdadero yo y ver a los demás sin filtros.

Marcie estaba dispuesta a separarse de su madre. Aunque irse a estudiar a tres mil kilómetros de casa ayudó, no conseguía sacarse su voz de su cabeza y seguía sintiéndose culpable si no la llamaba cada pocos días. Gracias a las sesiones intensivas de terapia, poco a poco, se fue dando cuenta de que no era responsable del bienestar de su madre y que estaba en su pleno derecho de amar a otras personas. Dos años más tarde, dio un gran paso más para desvincularse de ella confesándole que estaba enamorada de una mujer. La semana antes de mandarle el *mail* de su «salida del armario» tuvo problemas digestivos y brotes de ansiedad, pero al final se lo mandó y se sintió muy aliviada. A medida que sus viejas creencias se iban desmoronando, empezó a sentirse más libre para profundizar en su vínculo con Ellie.

En una relación sana las dos personas se entregan la una a la otra y siguen su propio camino sin descuidar su relación sentimental. Hemos de estar dispuestos a propiciar que nuestro amado o amada pueda dedicarle tiempo a sus pasiones y metas. Si su dedicación al trabajo o a una afición nos parece una amenaza, hemos de reconocer que *tenemos* un problema de celos y posesividad: «¡Hum!, tengo celos, incluso siento rabia. ¿Qué está alimentando estos sentimientos? ¿Qué viejas heridas están "protegiendo" estas historias?».

Si eres tú quien está siendo presionado para que te autolimites o abandones tus sueños y así tranquilizar a tu pareja, es importante que soportes la presión y que sigas tu camino con serenidad, amabilidad y compasión por su actitud. Dile que no le estás negando tu amor, sino que estás expandiendo tu vida. Puede que te escuche o no, pero ser fiel a ti es la única esperanza que tienes para disfrutar de una relación centrada y la única forma de no desviarte de tu camino.

En cualquier tipo de relación, puedes observar cómo te sientes cuando os encontráis y cuando os separáis. ¿Es la transición suave, libre y abierta, o sientes apego, dolor y miedo? ¿Sueles estar más tiempo del que tenías previsto o no cuelgas el teléfono porque te duele separarte? ¿Presionas a tu nuevo amor para que esté contigo y te sientes vacío/a cuando estás en soledad? Obsérvalo. Vive tu experiencia. ¿Qué te está diciendo?

A medida que vayamos evolucionando en el camino espiritual iremos encontrando el equilibrio entre estar juntos (cordialidad, presencia y vivacidad) y estar separados, porque la vida es rica de cualquier modo.

Nuestra experiencia emocional de hacer transiciones entre la unión y la separación se parece a la ambivalencia que sienten la mayoría de las personas en el camino del desarrollo espiritual. Queremos tener paz interior, pero nos asusta entregar nuestro rígido ego o interrumpir nuestra ajetreada agenda para experimentar la quietud (o la agitación que surge cuando intentamos estar en silencio). Queremos tener pareja, pero nos escondemos del dolor, del malestar o de la posibilidad de sufrir una pérdida. Queremos una relación íntima, pero no deseamos dejar de hacer las cosas a nuestra manera o renunciar a nuestro anhelo de que alguien cuide de nosotros. Estos temores proceden de las historias que tapan nuestras heridas.

Tal vez te ayude recordar que, en el plano energético, ganar o perder no tiene importancia: nuestras lágrimas de alegría y de sufrimiento son la misma energía, el fluir de lo que somos. Podemos regatear, retroceder y aferrarnos a la comodidad y a la seguridad, o bien podemos respirar profundo y decir «allá voy» y lanzarnos al fuego.

7

PREPÁRATE PARA ARDER EN EL FUEGO ESPIRITUAL

Arriésgalo todo por amor [...]
El pusilánime nunca llega a ser rey.
Partes para buscar a Dios, pero haces largas pausas
en las posadas de mala reputación
que encuentras en el camino.
No esperes más. Sumérgete en el océano,
márchate y deja que el mar sea tú.

RUMÍ, *Say I Am You* [Di yo soy tú]

Mientras algunas ramas del budismo adoptan una actitud contemplativa respecto a la pasión, el placer y el sufrimiento, el sufismo nos exhorta a abrirnos a nuestras pasiones: a lanzarnos al mar, a fusionarnos con la belleza y el poder de las olas.

Un nuevo amor supone un momento de riqueza para el guerrero espiritual. No solo nos desafía a afrontar nuestros más primitivos sentimientos de anhelo, sed, amor, pérdida y miedo, sino que nos reta a aceptar los sentimientos de dicha pura, éxtasis, placer sexual y beatitud. Muchas personas tienen miedo de sentir cómo se expande la energía por todo su cuerpo, de que provoque fisuras en los confines de sus limitaciones y que las exponga a su propia inmensidad. Si te permites sentir esta energía obtendrás grandes recompensas. Hallarás un lugar en tu corazón, donde reina la ternura, que te permitirá amar y aceptar todas las experiencias que conlleva nuestra condición humana. Muchas personas lloran desconsoladas cuando desaparece la armadura que protegía su corazón. Se emocionan ante un pequeño gesto de amabilidad, se embriagan con la fragancia de los capullos de lila que impregna el aire de una balsámica tarde primaveral.

Si somos capaces de darnos cuenta de que todo está hecho de la misma energía (corazón, cuerpo, mente, pensamientos, emociones, sentimientos, heridas) nos será más fácil lanzarnos al fuego espiritual. Nada es mejor o peor que ninguna otra cosa. Todo forma parte de la energía cósmica, de *lo que es*. No importa lo que hayamos hecho, el daño que hayamos ocasionado, lo avergonzados que estemos, solo es energía, emociones que nos separan de nuestra esencia perfecta.

Una parte de la falsa esencia que hemos desarrollado y alimentado a través de nuestras historias pone límites a que la energía recorra libremente nuestro cuerpo: «Ten cuidado, no te entusiasmes demasiado, no armes tanto alboroto, no seas tan exuberante, tan apasionada, tan alocada». Mi compañera y amiga Marylee y yo solemos bromear sobre el daño que ocasionan los WASP (siglas en inglés de protestantes blancos anglosajones): «Tronco erguido, mete el vientre, no te tomes la sopa haciendo ruido ni chupes una naranja, no te pases comiendo más de un pecaminoso *brownie* y por el amor de Dios que nunca se te escape un pedo». ¿Cómo demonios podemos pasar de este tipo de condicionamiento a tener el corazón abierto para amar? Hacer el amor es caótico, húmedo, oloroso, escandaloso, divertido, siempre hay un brazo extra. Si estamos abiertos a la fuerza que tiene el acto amoroso y nos lo tomamos con sentido del humor, hará que nuestra energía vaya desde los dedos de nuestros pies hasta las raíces de nuestros cabellos.

La guerrera y el guerrero espiritual no se esconden de nada. Nos lanzamos al fuego y al océano. Nos convertimos en el océano. De hecho, ya formamos parte del océano de la creación, la separación es ilusoria. Permitir que la energía fluya libremente por nuestro cuerpo es como decir: «Allá voy. Me rindo. Estoy abierta/o a sentir todo lo que tenga que sentir en mi interior». Esto no significa que no seamos disciplinados o sensatos, sino que no tememos nada que sea natural y humano.

Rendirnos hace que nos sintamos seguros, porque no nos queda nada que ocultar. Cuando estamos abiertos y no tenemos miedos, desaparece la falta de entusiasmo mutuo. Nuestras palabras y nuestros ojos transmiten espontáneamente: «Disfruto en tu compañía. Me importas». Nos liberamos de la mezquindad de ponernos restricciones e ir sobre seguro.

En el proceso de abrirnos, puede que aparezcan antiguos sentimientos de la infancia. De pronto, nos sentimos como una niña de tres años herida. Queremos aferrarnos. Empezamos a preocuparnos, nos asustamos, olvidamos nuestras responsabilidades y nos devora la ansiedad.

Nuestro crecimiento empieza cuando nos damos cuenta de que nos estamos enfrentando a aspectos de nosotros mismos que siempre han existido. No es la relación ni la otra persona. Nadie nos ha hecho sentir así; simplemente, han accedido a un lugar en nosotros que no estaba definido. No es fácil. «He accedido a ver una película que detesto. Acabo de tener sexo cuando no me apetecía. He sonreído estando enfadada/o. He presionado a mi amante para que se quedara cuando quería irse a casa», nos lamentamos. No temas, acabas de echar un tronco a la hoguera espiritual. Has sobrepasado un límite; ahora, acéptalo, no huyas, no te comas una galleta, no enciendas la tele, no te vayas de compras. Siéntate y déjalo cocer a fuego lento. Respira. Sé amable, reconcíliate con esa parte de ti. Intenta entablar una conversación entre tu parte asustada y tu guía espiritual interior o naturaleza búdica. Busca la historia que hay detrás de esa historia y la que hay detrás de esa otra.

Recuerda que no puedes aceptar lo que no has experimentado y afrontado. No puedes dejar ir lo que no entiendes o sientes. Si siempre intentas hacer que las cosas sean fáciles en la vida, nunca te enfrentarás a tus dragones. Ahora eres mayor, puedes abrir la puerta del armario, encender la luz y mirar aquello que te asusta, que probablemente sea un pequeño dragón de papel que intenta rugir para ahuyentar su miedo.

A medida que vamos haciendo cambios, nuestro ego trata de engañarnos: «No dejes que te conozca demasiado bien, porque se dará cuenta de tus defectos y de que eres mala persona». Vuelve a ser el dragón de papel. Cuando tu ego quiere que la vida esté en todas sus pequeñas casillas (predecible, limpio, seguro), sonríe y replica: «Oh, pequeño mío, deja que te meza en mis brazos. Entiendo tu miedo, no pasa nada. Soy mayor y puedo protegerte».

A veces, nos contamos la historia de que antes de conocer a nuestro amante la vida era fácil, que nuestra ansiedad y nuestra agitación se deben a nuestra nueva pareja. Recuerda que el amor saca a la luz todo lo que estaba oculto. Aunque la vida pudiera ser mucho más fácil antes, tal vez sea bueno recordar que las posibilidades de crecimiento espiritual se aceleran inmensamente cuando nos volvemos vulnerables y nos comprometemos con alguien. De pronto, la máscara no se desliza suavemente, nos es arrancada de cuajo. Es el momento de despertar. Deprisa.

> *Arde en el fuego espiritual,*
> *déjate cocer,*
>
> *conviértete en una rebanada bien hecha*
> *y en el señor de la mesa.*
>
> *Has sido una fuente de sufrimiento.*
> *Sé ahora una fuente de felicidad.*
>
> **RUMÍ,** *Like This, 43 Odes* [De este modo, 43 odas]

No me refiero a que interpretes el consejo de Rumí de arder en el fuego espiritual, en el sentido de que no has de romper una relación dolorosa que te está perjudicando. El fuego espiritual es transformador, no genera quemaduras de tercer grado. Buscamos una pareja para que camine a nuestro lado, que nos anime, que nos ayude a experimentar la unidad y la unión. Si nos exigimos demasiado y nos desviamos del camino, hay que hacer una pausa y descansar. Descubre tus límites, asoma la cabeza, date un empujoncito, pero si ves que la situación te supera, respira y relájate. Recuerda que no es más que un relato que tú escribes. ¡No tiene por qué ser una tragedia griega!

Absorber el calor del fuego espiritual requiere práctica. He conocido gente que vive en aislamiento (leyendo libros, viendo la televisión o delante del ordenador); sin embargo, fantasea con que, de pronto, aparezca alguien en su vida con quien tener una buena relación. ¿Cómo se va a producir? Es poco probable. No vamos a desnudar de pronto nuestro corazón a alguien si no hemos hablado abiertamente en años. Pasar tiempo con nuestras amistades, no ocultarnos, solucionar nuestros conflictos y lanzarnos a la aventura nos ayuda a ser más naturales y a estar más relajados con otras personas. Nuestro camino no se basa principalmente en encontrar un amante, sino en ser buenos amantes de la vida, de todas las personas. No existe la relación mágica, sino la sinceridad que aportamos a todas las relaciones. ¿Cómo podemos decirle a alguien qué es lo que queremos en la cama, cuando estamos desnudos, si nos asusta invitar a un amigo o amiga al cine? Es un proceso. No podemos dar un concierto después de nuestra primera lección de música. Hemos de practicar.

8

QUE TE GUÍE EL ESPÍRITU, NO EL EGO

Hay muchos libros sobre estrategias para tener citas románticas, con muchas reglas acerca de lo que hay que hacer y decir. *En el camino espiritual, las reglas son simples. Basta con que te preguntes: «¿Me está guiando el espíritu o mi rígido ego?».*

Antes de diferenciar entre uno y otro, me gustaría decir unas palabras sobre el ego. El ego no es un enemigo al que hay que destruir o aniquilar, como se suele decir en la literatura espiritual. No queremos deshacernos de él, solo ablandarlo, hacerlo permeable y receptivo, para que la información, los pensamientos y la compasión fluyan en ambos sentidos. Un ego sano nos permite mantener la fuerza de nuestras convicciones, sin cerrarnos a los demás. La literatura psicológica suele hablar de la fuerza del ego como una seguridad personal que se mantiene serena en nuestro interior, la voluntad de realizar nuestros sueños o de mantenernos firmes en nuestras creencias sin preocuparnos de las consecuencias.

Por el contrario, el *ego rígido o inflado* es concreto y dualista: bien o mal, bueno o malo, amigo o enemigo. Está aferrado a las experiencias del pasado que se han instaurado en nuestro cerebro, dando como resultado creencias rígidas, miedo al cambio e incapacidad de ver los múltiples aspectos de una situación. Se cree las historias que nos hemos montado y no se da cuenta de que su única finalidad es ocultar nuestra esencia. El ego rígido tiene una voz intensa, de urgencia, de preocupación y de miedo. Nos dice: «He de tener a alguien, no puedo soportar estar sola/o. A mí me pasa algo porque no encuentro pareja». Nos aferramos a la primera persona que encontramos, porque tenemos miedo de que nunca vuelva a aparecer alguien más en nuestra vida. La sinceridad, la integridad y la paz mental se transforman en apego, vacío y confabulación. Nuestra autoestima se nutre en el exterior, depende de tener una pareja.

El ego rígido se alimenta del temor a encontrarse con la tan temida falsa esencia: «Soy una mala amante, una perdedora, despreciable, etc.». Para evitar este miedo, el ego inflado se pone una máscara y se vuelve artificial en las relaciones. Por ejemplo, si en una primera cita tenemos la expectativa de que nos pidan salir otra vez, entonces, nuestro ego se pone en modo control: censuramos lo que decimos, procuramos adivinar lo que quiere escuchar la persona con la que hemos salido, intentamos vendernos de alguna manera. Esto nos convierte en un extraño para nosotros mismos y para la persona con la que estamos. De hecho, no se ha producido una conexión auténtica, solo se han conocido nuestros personajes.

También estamos atrapados en nuestro ego inflado cuando perdemos la perspectiva de nuestra situación actual. Somos como el adolescente que «se morirá» si no puede ir al concierto de *rock* o no puede ver a cierto amigo. Como nos decimos que es imprescindible que nos pidan una segunda cita, que hagamos el amor y que sea *fabuloso*, que nos regalen flores o se acuerden de nuestro cumpleaños, estamos alterados y ansiosos. No es el hecho de que nos rechacen o no tengamos con quien salir el sábado por la noche lo que nos causa sufrimiento, sino el sentido que les damos a estos acontecimientos y a nuestra *exigencia* de que no nos sucedan estas cosas. Aunque tengamos nuestras preferencias, en cuanto empezamos a insistir en que la gente y las situaciones sean distintas, creamos agitación en nuestro interior: ira, hostilidad, tristeza, etcétera. Nuestro apego es lo que nos incita a llevar una máscara, a culpar a los demás o a sentirnos incompletos.

Hay algunas formas de distinguir entre el espíritu y el ego. A continuación tienes ejemplos de lo que es quedarte atrapado en el ego.

- Presumir de nuestros logros para impresionar a alguien.
- Querer que una persona llene nuestro vacío.
- Ocultar nuestra inteligencia y nuestros logros para no ofender al ego de la otra persona.
- Ocultar nuestra vulnerabilidad: miedos, malestar, dudas, preocupaciones, ternura.

- Mentir, ser deshonesto/a, seductor/a o manipulador/a, abiertamente, encubiertamente o por omisión.
- Hablar todo el rato de ti.
- Aparentar ser de otro modo: alegre, guay, duro/a, encantador/a, dulce...
- Ver a alguien como la persona perfecta, tu salvadora, como un padre o una madre perfectos.
- Ser camaleónica/o «interpretando» a los demás y diciéndoles lo que quieren oír.
- Presionar a alguien para tener relaciones sexuales.
- Utilizar el sexo para conservar la relación.
- Dar consejos a menudo sin que te los hayan pedido.
- Confabular para hacer que la otra persona cambie.
- Vengarte cuando te enojan.
- Dañarte con alimentos, drogas, lesiones... o muchas otras cosas, cuando te han hecho daño. Estoy segura de que se te ocurrirán más ejemplos.

Detrás de todas estas conductas está el miedo: miedo a ser espontáneo, natural y a confiar en tu intuición. Miedo a estar con tu malestar, ansiedad, vergüenza y vacío interior. Miedo a no saber qué hacer. Hay momentos en los que sentimos todos estos miedos, tal vez demasiado a menudo.

Para conectar con nuestra conducta egoica hemos de convertirnos en testigos perspicaces de nuestra motivación. Hemos de trascender nuestros relatos subyacentes y reacciones reflejas y preguntarnos: «¿Qué me está pasando realmente?». Muchas veces estamos enfadados y no queremos admitirlo. O tenemos miedo de perder a alguien y no queremos sentirnos tristes. La clave está en observarnos y aceptarnos: «Bueno, en realidad parece que le esté haciendo un discurso de ventas a este chico», «¿De qué tengo miedo?», «Me preocupa decir lo "correcto"», «¿De qué va esto?», «De pronto, siento la necesidad de seducir a su mejor amigo», «¿De dónde surge esto?». Cuando hagamos una pausa y reflexionemos sobre nuestros propios procesos y motivos, podremos ablandar nuestro ego. El zen nos insta a «convertirnos en soberanos de nuestro cuerpo y nuestra mente», a trascender las películas que se monta nuestro ego y sus correspondientes miedos, y a vernos a nosotros, a los demás y las situaciones tal como son, sin distorsiones.

Si contemplamos la situación desde otra perspectiva, podemos preguntarnos: «Si no hubiera dado consejos, si no me hubiera vanagloriado de mis logros, si no hubiera seducido a su mejor amigo/a, ¿cómo me habría sentido?». ¿Sola/o, estúpida/o, triste, invisible, que no gusto a nadie o defectuosa/o? Hemos de decirnos que podemos controlar estos sentimientos. Es mejor enfrentarnos a ellos que desviarnos de nuestro camino.

Haremos bien resistiéndonos a la poderosa tentación de actuar desde nuestro inflado ego y preguntarnos: «¿Cómo puedo seguir centrada/o en mi espíritu? ¿Cómo puedo evitar hacerme daño yo o a otra persona?». En realidad, estos son los dos objetivos de la práctica budista: experimentar la claridad mental que ve las cosas tal como son y el corazón compasivo que acoge a todo el mundo.

A veces, cuando nos han herido, recordar esta verdad básica puede ayudarnos: *gustamos a algunas personas y desagradamos a otras*. Todo el mundo ve a los demás a través de sus propias películas. Tú. Yo. Todo el mundo. Por más que nos esforcemos, no podremos agradar a todos. De modo que también has de dejar de intentar bailar al son de los demás y ser tú misma, tú mismo. Así te sentirás menos solo, serás un buen amigo para ti mismo y no te dolerán los pies.

Cuando actuamos desde el espíritu nos movemos en la siguiente dirección:

- Podemos vernos a nosotros mismos, las situaciones y a otras personas con lucidez.
- Escuchamos atentamente, conectando con la experiencia de la otra persona, en lugar de incluirla directamente en nuestra trama personal.
- Nos mostramos tal como somos con el fin de entablar una verdadera conexión, no de impresionar o apaciguar a alguien.
- Nos comportamos con naturalidad sin ensalzarnos o menospreciarnos.
- Pedimos lo que queremos sin exigirlo o enfadarnos si no lo conseguimos.

- Conectamos con nuestra experiencia interior y nuestras reacciones. Nos dejamos guiar por nuestra intuición y experiencia.
- Somos todo lo sinceros que podemos ser sin dejar de ser amables y compasivos, no para cambiar a nadie, sino porque la verdad es nuestro camino y el único pilar de nuestras relaciones sentimentales.
- Aportamos una visión más amplia a todas las cosas y recordamos que todo es un experimento en nuestro intento de ser más conscientes, estar más presentes y ser más amorosos.

Cuando compaginamos nuestro deseo de tener pareja con el de conocernos a nosotros mismos y estar plenamente despiertos, estamos pisando tierra firme. Puede que nuestro ego diga: «Quiero a alguien que me satisfaga». Pero nuestro espíritu dice: «Anhelo alguien que me ayude a despertar mi conciencia, a poner a prueba mis debilidades y que sea un compañero o compañera y amante en mi camino».

9 IGUALDAD ESPIRITUAL: LAS MISMAS NORMAS PARA HOMBRES Y MUJERES

Las semillas se alimentan un tiempo bajo tierra,
después se alzan hacia el sol.
Tendrás que probar la luz filtrada
y abrirte camino hacia la sabiduría
despojado de las capas del yo.
Así es como viniste aquí, como una estrella sin nombre.

RUMÍ, *Say I Am You* [Di yo soy tú]

En la espiritualidad todos somos iguales (somos esencia, energía pura). Vinimos aquí «como una estrella sin nombre». Somos potencial puro. En el plano físico, desde la perspectiva de la biología molecular, todos estamos hechos de la misma materia, no importa cuál sea nuestro color, raza, género o etnia. En el momento de nuestra concepción somos idénticos.

Cuando nacemos, aparecen las diferencias físicas y, por consiguiente, estamos sujetos a los estereotipos culturales de lo que implica ser de un género u otro. ¿Cómo podemos reconciliarnos con esta aparente dicotomía de ser idénticos y diferentes a la vez? La respuesta es espiritual, y la mencionaré al final de este capítulo. Pero veamos por un momento el concepto de tener reglas de género específicas para las relaciones sentimentales, el amor y las citas.

En mi mesa de despacho, se plasma el enorme cisma existente que ocasiona tener reglas separadas para hombres y mujeres. A un lado, tengo una montaña de libros sobre citas de John Gray, Tracy Cabot, Ellen Fein y Sherrie Schneider, Patricia Allen y otros, todos ellos repletos de soluciones distintas para hombres y mujeres: qué hacer y qué decir para agradar, atraer y, desde mi punto de vista, muchas veces manipular a alguien para iniciar la relación.

En el otro, tengo el montón de libros sobre budismo, cuaquerismo, sufismo, relaciones espirituales zen y sabiduría, de John Welwood, Ram Dass, Krishnamurti, Stephen y Ondrea Levine y otros. Ninguno de los libros de este montón hace diferencias entre hombres y mujeres. En otro montoncito, hay dos de mis obras favoritas sobre citas románticas, de Susan Page y Barbara DeAngelis, que animan tanto a hombres como mujeres a ser auténticos y perspicaces y a actuar con integridad.

Mi pregunta sobre reglas o recetas para amar desde una perspectiva espiritual es esta: ¿ayudan las reglas a que las personas se relacionen desde su esencia (nuestro aspecto lúcido, es decir, el amor, la bondad y la verdad) o las limitan y separan de su verdadero yo?

Rowan Conrad, un discípulo del maestro budista zen Thich Nhat Hanh, comentó: «Los consejos de estos libros parecen haber sido diseñados para crear lo que se denomina "rebote kármico". Al resolver un problema, estás plantando las semillas para otros nuevos». Por ejemplo, si para atraer a alguien hacemos todo lo posible o realizamos un sortilegio con ese fin, estaremos plantando las semillas de la ira o de la desconfianza cuando se caiga la máscara y salgan a la luz otras de nuestras facetas. Por no decir que nos perdemos a nosotros mismos en el proceso de identificarnos con una de nuestras identidades, en lugar de ser espontáneos y sinceros.

También hablé con mi amigo Keith Walker, practicante budista y psicoterapeuta, sobre las fórmulas para las citas románticas. Me dijo: «Me parece que la mayoría de las veces lo que se pretende es ganar, conseguir algo o cumplir un deseo, en vez de disfrutar de una relación genuina que se base en la sinceridad y en tener una actitud abierta. Es un poco primitivo. Es una estrategia para atrapar a alguien, tocarle la fibra o hacer que te desee. Pero no te preguntas cómo puedo abrirme más y crear una verdadera conexión con otro ser humano. Algunos de ellos casi parecen manuales de instrucciones para usuarios, pero yo no quiero ser un usuario en lo que respecta a las relaciones sentimentales».

También le pregunté qué pensaba de las reglas de género: «En última instancia, las relaciones se rigen por una misma energía que se adapta según las diferentes biologías. Hay demasiadas cosas que se basan en las diferencias y no hay suficientes que lo hagan en la esencia del amor. Ser consciente trasciende el género. No tiene forma».

Hemos de presentarnos tal como somos y tal como tenemos la intención de ser en la relación. Solo entonces podremos evitar el rebote kármico.

Si alguien se enamora de nuestra máscara, tenemos dos opciones: o seguir llevándola y perdernos a nosotros mismos o sacárnosla y arriesgarnos a perder la relación. Cuanto más sinceros seamos, ya sea en una relación heterosexual, lésbica, bisexual o gay, más unión espiritual crearemos y mayor placer experimentaremos juntos. El amante espiritual ni persigue ni compite, lo que pretende es recuperar su verdadero yo. Desea crear una unión compartida y sentir la dulzura de la conexión.

Dejando aparte los beneficios personales que obtenemos de una intimidad genuina, la igualdad entre géneros ayudará a disolver la mentalidad fundamental de la dominación y la subordinación que tanto ha dificultado el encuentro cara a cara, corazón a corazón, espíritu a espíritu (los pilares de la intimidad y el amor) entre hombres y mujeres. La verdadera unión tampoco se produce cuando vemos a la otra persona como más o menos similar a nosotros. Hemos de ser capaces de ver nuestras diferencias y similitudes.

En un estudio sobre parejas felices que realicé para mi libro *Women, Sex, and Addiction* [Mujeres, sexo y adicción], observé repetidamente que sus dos componentes tenían una extensa gama de emociones, incluida la capacidad de dar *y* recibir, de ser pasivos *y* asertivos, apasionados *y* tiernos, capaces de escuchar *y* hablar. No se sentían condicionados por los esterotipos de roles sexuales en lo que respectaba a sus emociones y conducta. Ambos se ensalzaban mutuamente. No es que no tuvieran cualidades complementarias o que no hubiera tensiones o problemas. Por supuesto que sí, pero la profundidad de sus vínculos y la fuerza de la unidad que les otorgaba ser pareja eran tan fuertes que les aportaban la motivación para resolver las dificultades con el máximo respeto mutuo.

Las relaciones sentimentales nos exigen que sintonicemos con nuestro amado/a y con nosotros mismos en cada momento. Esto crea una cualidad de espaciosa fluidez libre de supuestos. Al crear una conexión con nuestro ser amado, permanecemos abiertos a nuestras fluctuaciones internas y a nuestra pareja. Nos damos cuenta de que algunas personas prefieren aislarse para resolver problemas, mientras que otras prefieren hablar de ellos. Algunas prefieren hacer actividades en silencio junto a su pareja, porque las palabras interrumpen su paz y su conexión. Otras prefieren contar historias o hablar cuando están juntas. Y todo es flexible. Tal vez queramos estar en silencio el martes cuando vamos al parque y el viernes nos apetezca hablar. Cada vez que hacemos una suposición respecto a *todos* los hombres y *todas* las mujeres, o una persona en concreto, la mayor parte de las veces nos habremos equivocado. En la tradición cuáquera, escuchamos ese silencio, esa vocecita interior que nos guía. Vivimos en la corriente de conciencia del momento presente.

Esta forma de ver la dinámica de la relación es significativamente distinta de la que tiene el autor John Gray, en su libro *Los hombres son de Marte, las mujeres son de Venus.*

Este se basa en las historias que ha creado la cultura sobre *todos* los hombres y *todas* las mujeres, relatos que refuerzan la falsa esencia. Por ejemplo, cuando habla de los problemas que tienen las mujeres fuertes e independientes para atraer a los hombres y de que las mujeres han de necesitar a los hombres:

> Antiguamente, una mujer no podía valerse por sí misma en muchos aspectos. Era evidente que necesitaba a un hombre. Esta indefensión la hacía muy atractiva para los hombres, despertaba su confianza para cortejarla, el sentido de propósito y la responsabilidad para sustentarla y ayudarla.

La imagen de un hombre protegiendo a una mujer indefensa nos recuerda a una relación padre e hijo, no a una relación entre iguales. Es claramente un estereotipo cultural que priva a ambos de su potencial humano y de alcanzar su compleción. La desigualdad de este tipo es una receta segura para una relación letal. De hecho, no es una relación, son dos máscaras conviviendo. Una vez más, aunque algunos hombres se sientan atraídos por las mujeres indefensas, no es saludable reforzar esta idea. A medida que evolucionamos espiritualmente, nos vamos sintiendo más cómodos conociéndonos mutuamente en la riqueza de nuestra humanidad: talentos, fortalezas, alegrías, penas, miedos, necesidades emocionales y anhelos.

Gray, junto con otros escritores, aporta numerosas y desalentadoras listas de cosas específicas sobre qué decirle o no decirle a un amante. Aunque pudiéramos memorizarlas, sería como dar por hecho que solo si hacemos o decimos lo adecuado conseguiremos que la relación funcione. Aunque suena bien, todos sabemos que las relaciones son más complicadas que todo eso. Además, somos mucho más transparentes de lo que creemos. Los demás perciben cuándo somos falsos o cuando estamos «intentando hacerlo bien».

El comentario de Keith Walker sobre seguir ciertas normas para tener citas es que «forzarte a creer o a aceptar una regla, pensamiento o modelo sin entenderlo, y hacerlo tuyo, es cometer un acto de violencia contra ti mismo. Es como decir: "Hay alguien que sabe mejor que yo lo que me conviene". Esto nos expulsa al instante del camino espiritual».

Hemos de seguir lo que nos dicta nuestra intuición (¿tenemos la mente clara y relajada o estamos agitados?), en lugar de repetir obedientemente las palabras de otro. Ser naturales y auténticos puede resultarnos extraño o incluso asustarnos, pero esta indagación es la que nos ayudará a conocernos a nosotros mismos. Esto no significa que no escuchemos los buenos consejos o que no aprendamos técnicas de comunicación, pero jamás deben ir en contra de nuestro propio consejo o espíritu.

Es mejor cometer un error sincero y aprender de él que seguir las reglas ajenas a nuestra experiencia o sentir que no somos sinceros.

El poeta Kabir escribió: «El río que fluye en ti, también fluye en mí». Esta es la imagen de una relación saludable. El fluir del espíritu se da en nuestro interior, entre nosotros y a nuestro alrededor, uniéndonos a todos para formar parte de lo que es. En cualquier aproximación a otra persona, para sumergirte en la corriente del río, primero tendrás que aceptar la verdad, desapegarte del resultado, sentir que el agua te está limpiando y respirar la belleza de vivir en armonía con tu sabiduría interior.

En vez de ofuscar nuestra visión con estereotipos, ¿y si nos conociéramos desde un prisma nuevo y con una mente abierta, preguntándonos mutuamente?:

¿Quién eres?

¿Qué te gusta?

¿Te estoy entendiendo bien?

¿Qué hace que te sientas amada/o?

¿Cómo podemos tratar el conflicto?

Cuando hacemos estas preguntas, honramos a la persona única e inigualable con la que estamos. La conocemos basándonos en quién es hoy, en vez de hacerlo en suposiciones, estereotipos, proyecciones o esperanzas. Sencillamente, somos dos, mirándonos a los ojos, escuchándonos, respondiendo y tejiendo el tapiz especial de nuestra relación. Si haces esto, descubrirás la estrella brillante y resplandeciente que en realidad eres.

10 PRACTICA LA AMABILIDAD COMPASIVA*

El huésped está dentro de ti, y también de mí;
sabes que el brote está dentro de la semilla.
Todos estamos luchando; ninguno ha llegado lejos.
Abandona tu arrogancia y mira en tu interior.

KABIR, *The Kabir Book* [El libro de Kabir]

*L*a amabilidad es el reflejo de un corazón afectuoso y receptivo. Los inicios de las relaciones suelen ponerla a prueba. De pronto, nuestra posible pareja es grosera con nuestro mejor amigo o amiga, llega tarde y no se disculpa, nos dice que nos ayudará a hacer algo y no cumple su promesa. Nos quedamos de piedra, decepcionados. Es probable que reaccionemos criticándola y queriendo tener razón, y pensamos cosas como es un «zoquete insensible» o

---

* N. de la T.: La autora se está refiriendo a la meditación budista *metta*; esta palabra tiene múltiples traducciones –'amabilidad', 'benevolencia', 'amor', 'bondad'– y también está la fórmula compuesta, en inglés *loving kindness*, que asimismo tiene múltiples variantes –'amor compasivo', 'amor benevolente'–, todo depende del autor y de la escuela budista. En este caso, por el uso que hace la autora de este término, «amabilidad compasiva» era lo que mejor se adaptaba al texto. No obstante, solo utiliza la fórmula compuesta una vez en todo el capítulo; en realidad, enfatiza más el aspecto de la amabilidad/bondad.

una «maleducada engreída». Puede que estemos dolidos y deseando decirle: «No me puedo creer que hayas hecho algo tan deleznable». Cuando empezamos a criticar es el momento de tomar distancia de la situación durante unos segundos y reflexionar, para que no haya dos corazones separados.

Jesús de Nazaret encarnó la amabilidad cuando dijo: «El que esté libre de culpa que tire la primera piedra». En lugar de señalar por defecto a los demás, busquemos en nuestro interior. Entonces, nos daremos cuenta de que todo el mundo está ahí, porque en todo ser humano existe toda la gama de emociones. Cuando nos alejamos de otra persona, creamos una distancia en nuestro interior. Esto no significa que hayamos de tolerar conductas abusivas, sino que hemos de aprender a conocernos observando nuestra conducta en las relaciones.

Los demás siempre son como un espejo para que nos veamos reflejados. Si alguien se acerca a nosotros con su tristeza, y si en lugar de empatizar con esa persona, empezamos a llorar, es que hemos chocado contra nuestra propia tristeza no resuelta. Si siempre tenemos miedo de que alguien se enfade con nosotros, hemos de revisar nuestra propia ira enterrada. Cuanto más aceptemos esos aspectos de nuestra personalidad y nos compadezcamos de ellos, más fácil será que nos relajemos cuando los demás actúen del mismo modo. Por ejemplo, cuando alguien está disgustado, podemos convertirnos en un testigo compasivo, en vez de sentir el impulso de calmar a esa persona, gritarle, solucionar el problema, analizarla, juzgarla o alejarla.

La amabilidad no implica que nos tengan que *gustar* todas las personalidades o que queramos pasar tiempo con esa gente. Hemos de elegir a las personas que nos agraden. Pero tampoco hemos de expulsar a nadie de nuestro corazón. Ni solucionar sus problemas, quitárselos o darles una palmadita de consuelo en la espalda. Basta con que observemos cómo experimentan sus sentimientos, como parte de *su* viaje, y decidir cómo nos gustaría conectar con esas personas, si es que deseamos hacerlo.

Otro aspecto de la amabilidad compasiva es recordar que no va a estar exenta de imperfecciones, y esto es crucial para las relaciones; lo que importa es que seamos sinceros respecto a nuestros defectos y errores. Cuando conseguimos aceptar nuestra humanidad podemos disculparnos (no humillarnos) por haber sido groseros, insensibles o deshonestos. Disculparnos ante otra persona es una forma de practicar la autocompasión, porque eso implica aceptación. Esta es la esencia de las relaciones íntimas. Si estamos luchando contra diversos miedos y manías, en lugar de ocultarlos, podemos sacarlos a relucir, mejor con compasión y sentido del humor. Al mostrarnos tal como somos descubriremos si nuestro nuevo amigo o amiga puede ser un buen compañero/a de viaje.

Meditación en la amabilidad (puedes imaginar esto o recordar hacerlo cuando estás rodeada de gente): *cuando estés rodeada/o de gente, mira a tu alrededor y observa a las personas. Observa su ropa, sus caras, su cabello, su tamaño. Observa sus gestos y movimientos, si son desenfadados, rígidos o libres. Simplemente observa, sin juzgar, como si estuvieras contemplando un jardín de personas. Luego contémplalas como campos de energía, como lo eres tú. Solo energía. A medida que sigues observando piensa: «Todas las personas que están aquí han tenido que vivir cada día de su vida, como lo he hecho yo. Se han tenido que levantar por la mañana, decidir qué ponerse, afrontar la pérdida, el éxito, el sufrimiento, la vergüenza, igual que yo. Todas ellas se cayeron aprendiendo a caminar, probablemente, todas se pusieron nerviosas con el primer beso, como me pasó a mí. Cada persona tiene su historia. Algunos capítulos de sus vidas son heroicos. Otros son de pérdida, de miedo, de logros o alegría, como es mi caso. Sigue considerándolas energía, piensa que fueron concebidas mediante óvulo y esperma, como tú.*

Cuando te despidas de alguien o decidas no volver a ver a esa persona, recuerda que eres un momento en su relato. Procura que sea una historia que no deje cicatrices.

Segunda parte

DESPIERTA TU DESEO

¿Quién eres? ¿Qué quieres?

11
RECURRE AL UNIVERSO

Pero si amáis y habéis de tener deseos,
que sean estos:
el de diluiros en el amor y ser
como un arroyo que entona su melodía a la noche.
El de conocer el dolor que sobreviene por tanta ternura.
El de ser herido por tu propia comprensión del amor
y estar dispuesto a sangrar voluntaria y alegremente.

KHALIL GIBRAN, *El profeta*

Cuando queremos atraer a un amante, pareja o cónyuge, podemos transmitir nuestra intención al universo: «Estoy aquí, estoy lista/o y estoy receptiva/o». Si la idea de transmitir un mensaje al universo te parece muy abstracta, imagina las ondas de radio o las vibraciones sonoras. Si tuvieras una señal de onda corta en este momento, podrías sintonizar emisoras de radio que estuvieran a miles de kilómetros. Esto se debe a que las vibraciones sonoras llegan a todo el mundo. Tanto si eres consciente de ello como si no, eres un poderoso campo de energía que transmite mensajes constantemente. Cuanto más te concentras en ellos, más poderosos se vuelven.

Hace varios años, después de haber finalizado una larga relación sentimental, hablé con mi amiga Laura, vidente y astróloga, de mi deseo de tener un compañero que realmente pudiera compartir conmigo el camino espiritual. Salimos a cenar con la carta astral a mano. Al mirar mi carta, me dijo que tenía que recordar mi vulnerabilidad y prestar atención a las viejas heridas de la infancia, para que no se interpusieran en mi camino. «Pero no hay razón por la que no puedas tener un amante —me dijo con cariño—. Con toda la energía que aportas al mundo, debería haber alguien especial para ti. Te lo mereces. No tienes por qué estar sola». Sus palabras fueron como el maná del desierto, porque había una parte de mí que creía que no estaba destinada a ser querida.

Cuando regresé a casa, me fui a caminar por la montaña que tengo justo detrás, y las palabras de Laura —«Te mereces un amante»— se repetían incesantemente en mi cabeza. En vez de enviarle mis quejumbrosas súplicas al universo, grité con toda mi fuerza: «Bien, ahora escucha. He sido buena persona, he aportado mucha energía al mundo, he trabajado duro. Me lo merezco». La energía reverberó en mí como si fuera un gong: como una vibración pulsátil y viva. Empecé a creerme a mí misma.

Aunque mi llanto al universo me sentó bien, la verdad es que no me parecía muy budista, así que llamé a Keith Walker, un amigo practicante, para preguntarle su opinión. Se rio educadamente y guardó un momento de silencio antes de decirme: «El budismo es sentirte libre para manifestar todo lo que eres, eliminando las barreras que se interponen en tu camino. Aunque a veces se considera que el budismo es impersonal y desapasionado, en realidad nos reafirma en nuestra condición humana que, evidentemente, incluye nuestro deseo de tener compañía. Manifestar tu deseo de encontrar un amante, allí en la montaña, formaba parte del proceso de romper una barrera y sentirte libre para expresar un deseo muy humano».

Antes de invocar al universo, reflexiona cuidadosamente sobre lo que deseas encontrar en una pareja. Es importante que revises valores, intereses y preferencias de estilo de vida, aunque a menudo no sabemos a quién queremos o qué queremos hasta que se produce una conexión intensa con alguien. Si enumeras muchas características físicas que te gustaría que tuviera tu amante, como que sea delgado, pelirrojo o joven, estarás proyectando una imagen, en vez de pedir cualidades y valores. Desde una perspectiva espiritual es importante que te ocupes de la naturaleza de la relación. Aquí tienes un ejemplo de un mensaje abierto al universo:

Te ruego que me envíes a un hombre/una mujer que tenga mi mismo deseo de crecer, aprender y evolucionar espiritualmente, alguien que sea honesto, generoso, juguetón y alegre, con intereses parecidos para compartir el viaje. Quiero una persona que me desee tanto como yo a ella.

Cuando envíes un mensaje al universo, hazlo siempre en positivo. Las vibraciones de energía en el campo cósmico son muy literales. Si dices: «No quiero a alguien que sea *mezquino*», será transmitido el concepto «mezquino» solo por haber empleado ese término. Utiliza palabras como *cariñoso*, *amable*, *sexy*, *divertido*, *compasivo*, etcétera.

Otra forma de trasladar nuestra intención al universo es dando rienda suelta a nuestra energía sexual. Del mismo modo que los animales entran en celo y transmiten olores y energía para atraer pareja, las personas hemos de hacer saber que estamos abiertas al amor físico. Esto no significa que actuemos como vampiresas o donjuanes ni que nos acostemos con el primero o la primera que se cruce en nuestro camino; se trata de estar relajados y abiertos a la libre circulación de nuestra energía sexual, que equivale a nuestra fuerza vital. Puedes ayudar a abrir tu energía sexual dándote placer a ti mismo, yendo más allá de los orgasmos rápidos e intimando con tu cuerpo. Has de experimentar la lujuria en la sensualidad, explorar tu cuerpo, experimentar con distintas texturas, convirtiéndote en el amante que deseas encontrar.

También podemos crear espacio para el amante, literalmente. Desde la perspectiva del *feng shui*, puedes reflejar tu deseo de tener pareja en tu espacio vital, especialmente en tu dormitorio. El *feng shui* es el arte de crear equilibrio, armonía y prosperidad en tu entorno. Se basa en la antigua ciencia china de la circulación de la energía en el mundo físico; a veces, también se le llama el arte de la colocación.

Según Johna Koontz, una asesora de *feng shui* de Missoula, Montana, podemos hacer sitio en nuestro dormitorio para un nuevo amor de las siguientes formas:

- Limpia tu armario y vestidor. Si alguien ve un lugar demasiado lleno puede sentir que no hay espacio para él o ella.
- Haz una invitación simbólica para que alguien se una a ti, poniendo dos mesitas de noche, dos luces para leer o dos almohadas.
- Elimina los aparatos electrónicos y la televisión del dormitorio; solo sirven para distraer.
- Elimina los recuerdos sentimentales de otras relaciones amorosas del pasado, y si eres viuda o viudo, saca la foto de tu pareja fallecida del dormitorio. A la mayoría de las personas no les gusta hacer el amor bajo la mirada de un fantasma.
- Saca cosas que no usas de tu espacio vital, armarios y sótano.
- Piensa en lo que simboliza el amor y el matrimonio para ti. Pueden ser flores, esculturas, móviles de viento o una foto bonita. Puedes colocar los objetos por pares en el dormitorio: dos velas, dos rosas, dos figuritas de animales o de otro tipo que se estén mirando, para transmitir tu deseo de formar una pareja.

Si deseas conocer con detalle el proceso del *feng shui*, te recomiendo el libro *Feng Shui para Occidente*, de Terah Kathryn Collins, o ve a una librería y revisa los numerosos libros que hay sobre este tema. Tal vez prefieras seguir los principios del *feng shui* para ordenar tu entorno contratando a un experto en el tema.

Si no te apetece leer un libro o contratar a nadie, simplemente contempla tu espacio vital como si lo estuvieras viendo por primera vez. ¿Fluye la energía (relajada, brillante, cálida y espaciosa) de modo que invita al amor? Limpiar nuestro espacio vital nos ayudará a eliminar algunos de nuestros apegos internos. En palabras de Johna: «Si tus posesiones no sirven a un fin, si no te ayudan a seguir avanzando, deshazte de ellas».

Si pruebas alguno de estos consejos o todos ellos, recuerda también que abrir el corazón transmite energía al universo. Cuando irradias alegría y vitalidad, estás transmitiendo una invitación de alto voltaje al amor.

12 BUSCA A UN VERDADERO IGUAL

El objetivo de dos amantes casi siempre es el mismo:
hallar sentido a su vida como individuo y como pareja.

PAUL PEARSALL,
Sexual Healing [Sanación sexual]

Según el *I Ching*, las relaciones sentimentales prosperan cuando ambos integrantes apoyan el camino del otro, confían en él y se entregan a él. La capacidad de adaptación, la devoción y el apoyo incondicional otorgados en la misma medida el uno al otro suponen la esencia de la igualdad. La igualdad no significa ser unisex, andrógino o iguales, sino que ha de reflejar dos personas que se adoran mutuamente y se entregan por completo la una a la otra, habiendo desarrollado previamente su sentido del yo. Los hombres necesitan ser apreciados como tales y las mujeres también. Tanto si somos heterosexuales, bisexuales, gais o lesbianas, cuando nos encontremos hemos de ser conscientes de quiénes somos, si queremos sentir el poderoso intercambio de amor y sinceridad que nos conectará en el río del espíritu.

Nuestro grado de igualdad se puede medir de muchas formas: dinero, poder, aspecto o estatus. También puede reflejar nuestro nivel de poder personal: la capacidad para expresar sentimientos, decir lo que queremos y defender nuestros valores ante la presión de los demás.

La igualdad también puede estar relacionada con nuestro compromiso a un camino espiritual: la voluntad de crecer, reflexionar y enfrentarnos a nuestros miedos. Pero el factor determinante en una relación sentimental es nuestra *percepción* de la igualdad.

La igualdad no se refiere a que los dos ganen la misma cantidad de dinero, que sean de la misma clase social o igualmente atractivos. Significa que ambos se valoran mutuamente como iguales cuando han de hacer planes, hacer el amor o tomar decisiones. Los dos tienen voz y voto. No hay uno que se sacrifique por el otro. Se adoran y se aprecian por igual. Puede que contribuyan de distintas formas a la relación, pero son iguales en lo que respecta a sentirse responsables por mantenerla viva y que esta sea una vía de crecimiento. (Sin embargo, mi opinión personal es que para ser realmente iguales, ambos integrantes han de poder ser independientes económicamente; así están seguros de que pueden abandonar la relación cuando lo deseen).

Hay muchas razones para crear una unión igualitaria. La primera es para liberar a sus integrantes de sus propios miedos. Cuando alguien siente que está subordinado o que depende de otro, empieza a temer que su pareja lo abandone. Entonces, para evitarlo, comienza a medir sus palabras, a reprimirse y a velar más por las necesidades del otro que por las suyas propias. (También terminan albergando una rabia contenida que se manifiesta encubiertamente, la pulla en el momento oportuno, el «olvidarse» de cumplir un trato o mofarse de la pareja, etc.). Las personas que ocupan la posición dominante temen ser amadas por su riqueza, estatus o posición, y piensan que si su pareja fuera un verdadero igual, las abandonaría.

Una segunda razón para la igualdad es que en las relaciones que prosperan, ambos miembros evolucionan siendo conscientes de sus propias conductas. En una relación entre desiguales, puesto que el subordinado consiente y acata, el dominante nunca tiene ocasión de ser cuestionado para que reflexione sobre sí mismo. Hay poco o ningún crecimiento personal, flexibilidad o fusión con el corazón compartido, no se puede formar el vínculo «nuestro» que consolida la unión espiritual de dos personas.

Una tercera razón para tener relaciones igualitarias es que la desigualdad suele conducir a relaciones monótonas, rutinarias y vacías, porque suele reflejar el deseo de seguridad, de establecer roles bien definidos, en lugar de expandir nuestros límites. Si la energía no circula libremente por nuestro interior, tampoco lo hará con nuestra pareja.

Otra gran razón para la igualdad es que mantiene viva la sexualidad. La forma más segura de apagar la pasión y la atracción sexual es que uno de los dos adopte el papel de progenitor e intente proteger, arreglar, cambiar o reparar a la otra o al otro. Del mismo modo, si una persona actúa como una niña, pidiendo permiso, consejo y entregándole la autoridad al otro, no puede haber igualdad. Si queremos que el fuego siga ardiendo, hemos de ser libres, estar abiertos y ser sinceros con nuestra pareja, algo que es inherentemente imposible cuando reina la desigualdad.

Dos personas iguales pueden aliarse para explorar las capas de falsas creencias que ocultan su esencia. Pueden realizar el viaje juntas, sacarse sus disfraces, revelarse tal como son y desarrollar una relación que fluye de la bondad esencial de ambas partes.

Cuando estamos vinculados en el plano espiritual o esencial, empezamos a saborear la dulzura de la unidad y la dicha. Nos sentimos lo suficientemente seguros como para fundirnos con la otra persona, creando un cuerpo de amor que nos ayuda a intuir la magnificente unidad del universo. En este nivel de conexión espiritual no solo somos iguales, sino que también somos la misma energía. Nuestra ternura por nuestro amado o amada acaricia nuestro propio corazón.

13 ¿CÓMO CREAMOS VÍNCULOS?

Creamos vínculos de múltiples formas. Nos sentimos atraídos por alguien según su aspecto físico, sus valores, intereses, talentos y temperamento. Cuanto más se base nuestra conexión en la espiritualidad, más probabilidades tendremos de vivir una relación plena y vivaz.

La conexión espiritual se produce cuando nos relacionamos mutuamente desde nuestro mejor yo, desde nuestra sabiduría interior, desde la verdad, desde la compasión y con el corazón abierto.

Para explorar tus niveles de vinculación, lee las secciones siguientes y recuerda relaciones anteriores, así como la relación que te gustaría crear. ¿En qué niveles te vinculaste? ¿Qué te fue bien? ¿Qué te faltó? A partir de ahora, cuando conozcas personas nuevas observa en qué aspectos conectas. Frecuentemente, empezamos por los anteriores y gradualmente vamos incluyendo más, a medida que vamos desarrollando el vínculo espiritual. (Aquí no he incluido el vínculo sexual. Merece un capítulo aparte, porque afecta a todos los grados de conexión).

1. Físico/material.
2. Intelectual.
3. Aficiones.
4. Valores/estilo de vida.
5. Psicológicos/emocionales.
6. Creatividad/pasión.
7. Espiritualidad.
8. Esencia.

A medida que vayas leyendo las siguientes descripciones de los tipos de vínculos y los ilustrativos anuncios personales de la vida real, observa qué niveles te resultan familiares. A algunas personas esta exploración les resulta útil para descubrir las causas de sus dificultades en antiguas relaciones. Para otras, es una reafirmación de lo que ya saben. Lo que importa es recordar que el futuro es largo y que el subidón del romance nuevo es pasajero. Muchas relaciones conflictivas se deben a que ninguno de los dos pensó en sus valores, intereses o sueños antes de elegir pareja.

1. **Físico/material.** Los vínculos físicos y materiales se basan en la proyección de imágenes y de roles de género/aspecto físico, color del pelo, estatus, dinero, posesiones... Queremos personas que encajen con nuestras fantasías o guiones: «Quiero una esposa», «Quiero una persona rica», «Quiero una mujer delgada, joven y con el pelo largo», «Quiero alguien con

el pelo largo y piel morena». Al mismo tiempo, si recordamos que nuestra imagen de persona atractiva es simplemente eso (una imagen), podemos rectificar y estar abiertos a otras personas que no encajen con ella. Si miras los anuncios personales te darás cuenta de la prevalencia que tiene este nivel de vinculación en nuestra cultura: «Hombre alto, atractivo, moral, setenta y nueve kilos, cuarenta y dos años, busca mujer delgada y cristiana, edad de treinta y dos a treinta y seis años, complexión pequeña y personalidad agradable». O «Mujer segura de sí misma, veintinueve años, 1,67 de estatura, rubia, piernas largas, busca hombre alto, atractivo, buena posición económica, de treinta a treinta y cinco años, para salir a divertirse y tener una relación sentimental».

2. **Intelectual.** La mente puede estar al servicio del ego o del espíritu. Cuando nuestra inteligencia está al servicio del espíritu, se convierte en sabiduría. Exploramos ideas y enseñanzas con el fin de expandir nuestra creatividad, resolver problemas y aportarnos cosas mutuamente. Las ideas son el medio, no el fin. Cuando el intelecto está al servicio del ego, creemos que nuestras ideas son *reales* y que son una forma significativa de medir nuestra valía. Utilizamos la información y nuestros conocimientos para impresionar a los demás, defender creencias, ganar puntos y afirmar nuestro poder. Sin embargo, puede que

saquemos la nota más alta en todas las asignaturas o que demos clases en la universidad, pero que nos falte sabiduría o compasión. Cuando la mente está al servicio del ego, la gente suele ser seria, recta y distante: «Hombre de cuarenta y nueve años, 1,78, setenta y siete kilos, en forma, guapo, culto, atractivo, instruido, curioso, con éxito, sin problemas económicos, busca mujer inteligente, delgada, estatura alrededor de 1,60, para compartir hogar junto al lago».

3. **Aficiones**. Al principio, las personas suelen conectar porque comparten aficiones. Pertenecen a un club de senderismo, conocen gente bailando o jugando a los bolos. Las aficiones pueden ser tan variadas como que te guste el cine, cocinar, cazar, los deportes, la música, el senderismo, el ciclismo, ir de acampada, esquiar, viajar, visitar museos, bailar, etcétera. Compartir aficiones puede aportar un intenso placer mutuo que incrementa la alegría de estar juntos. Si tu pareja y tú no compartís nada, tendrás que preguntarte si estás dispuesta/o a seguir con tus aficiones por tu cuenta o con otras amistades. ¿Podrás aceptar que tu pareja comparta muchas de sus grandes aficiones con otras personas? ¿Tendréis los dos la suficiente fuerza como para no sacrificar lo que os gusta hacer para complacer a vuestra pareja? Por otra parte, compartir aficiones es uno de los pilares de una relación, pero no la base de una unión firme. Las

parejas se pelean y se sienten solas, incluso cuando están en un lujoso *resort*, en la cima de la montaña o en un café francés, si no las une un vínculo espiritual: «Hombre blanco soltero, treinta y dos años, le gustan actividades al aire libre, senderismo, los caballos, cenar fuera, ir de acampada y la pesca. Busca a alguien con los mismos intereses».

4. **Valores/estilo de vida.** Los valores pueden ser objetivos o subjetivos y abarcan todos los tipos de vínculos. Pueden ser sobre posesiones materiales, la educación de los hijos, estilo de vida, alimentación, religión o creencias espirituales. También reflejan las formas en que pasamos nuestro tiempo, contribuimos a nuestra comunidad y nos relacionamos con los demás. Además, los valores pueden incluir cualidades como la bondad, la receptividad, la sinceridad y la sensibilidad.

Hemos de ser sinceros con nosotros mismos respecto a los valores que nos importan. Si la persona con la que salimos no comparte algunos de nuestros más preciados valores, no podemos contar con que nos apoye cuando la necesitemos. Recuerda que queda mucha vida por delante, una vez se ha terminado el cuento color de rosa del romance inicial. ¿Qué va a pasar cuando tú quieras vivir en la ciudad y tener hijos y él prefiera vivir en el campo y criar cabras? ¿Qué va a pasar si a ti te apetece hacer senderismo e ir de acampada y él prefiere los hoteles de lujo? Y si tú estás comprometido con tu práctica espiritual y a tu pareja no le interesa, ¿cómo afectará eso a vuestras conversaciones diarias? ¿Son negociables las diferencias o uno de los dos se verá obligado a renunciar a sus aficiones y a sacrificar sus sueños? ¿Y cuál de los dos será? Estas reflexiones pueden parecer aburridas cuando estás enamorado, pero los valores están muy arraigados y no cambian fácilmente. Esta es la razón por la que es importante decidir cuáles son cruciales y cuáles se pueden negociar o no son tan importantes. A veces, aunque amemos a alguien, no hacemos buena pareja con esa persona porque nuestros valores y nuestro estilo de vida son tan dispares que haría falta que uno de los dos hiciera un sacrificio enorme: «Mujer vivaz, de treinta y dos años, que vive en el campo, música, poeta, en forma, ecologista, le gustan las actividades al aire libre, el cine y las sorpresas, busca hombre con intereses similares, que valore la integridad, el sentido del humor, la intimidad, la familia, la comunidad y la aventura».

5. **Psicológicos/emocionales**. Un vínculo psicológico saludable implica sinceridad por parte de ambos, verbal y no verbal. Nuestra capacidad para ser sinceros está relacionada con nuestra capacidad para acceder a nuestras emociones y con su fluidez, con nuestra desvinculación de todas las historias que nos

hemos contado sobre nosotros mismos y nuestra facilidad para conectar con otras personas y relacionarnos desde nuestra esencia. Nuestro desarrollo psicológico también se refleja en nuestra habilidad para expresar necesidades y sentimientos, sin preocuparnos demasiado por la reacción de nuestra pareja. Desarrollar un vínculo psicológico requiere su tiempo. Compartir experiencias nos ayuda a empezar a conocer los hábitos, las alegrías y las pasiones del otro. Nos acostumbramos a hacer planes y a resolver las diferencias. Nos tratamos con ternura y resistimos todas las tentaciones de utilizar nuestros conocimientos para herir a la otra persona donde más le duele: «Hombre blanco soltero, cuarenta y nueve años, 1,70, estable, profesional, busca relación especial basada en la sinceridad, el cariño y el compromiso con alguien capaz de apreciar los regalos que nos da la vida todos los días. Aficiones: senderismo, *jazz*, conversar, bromear. Valoro la receptividad, el afecto, la sinceridad, la creatividad y el sentido del humor».

6. **Creatividad/pasión.** La creatividad es el espíritu manifestándose a través de las personas; impregna nuestra vida de curiosidad, fascinación, imaginación y originalidad. Tanto si se expresa haciendo el amor como tocando un instrumento, cocinando un pescado, cantando una canción de cuna, restaurando muebles, resolviendo un problema o arreglando

cosas, la creatividad aporta una lúdica efervescencia a las relaciones. Es como si las dos personas y sus correspondientes musas se unieran para disfrutar y gozar creando algo juntas que no podrían hacer por separado. Uno más uno suman mucho más que dos. Esta colaboración puede ser muy personal e íntima porque nuestro espíritu y nuestra alma se manifiestan a través de nuestra creatividad: «Hombre de cuarenta y dos años, bastante atractivo, carpintero, en forma, alegre; ven a cantar, bailar, jugar y disfrutar juntos de la vida. Vamos a explorar los límites de estar vivos. A disfrutar del arte, del teatro, de los paseos y de las escapadas. Valoro la amabilidad, la bondad y la sinceridad».

7. **Espiritualidad.** Un vínculo espiritual se crea mediante el compromiso sincero de conocernos a nosotros mismos, de dejarnos cambiar, transformar e influir por la otra persona. *A través del corazón revelado creamos el corazón compartido.* Aunque nos hayamos comprometido con nuestro propio camino, nos entregamos a la relación. Estamos yo, tú y nosotros. Como dos gotas de agua que se funden en el océano, existimos como nosotros mismos, como pareja y como parte de algo más grande. El vínculo espiritual permite la verdadera unión de dos personas, sintonizar las vibraciones del otro. Muchas veces se nos despierta la telepatía y podemos adivinar lo que piensa o necesita el otro.

Las personas que tienen una unión espiritual tratan su vínculo como si fuera una joya brillante. Las diferencias y los conflictos se manejan como algo que hay que resolver, no como excusa para atacarse el uno al otro. La meta es regresar a la unidad, no la victoria. Cuando la pérdida o los traumas ensombrecen su vida, su vínculo las ayuda y pueden abrazarse, en lugar de distanciarse. La unión es una fuente continua de gratitud. Se regalan miradas de ternura, franqueza, amabilidad, no ocultan ni exigen nada y solo aceptan lo que se les ofrece con amor. Tal como dijo Jesús de Nazaret, estás en el mundo, pero no eres del mundo; estas parejas saben cómo estar *en* una relación, pero sin ser esclavas *de* ella. Están en el corazón de su amado o amada y su relación está en el corazón del Amado: «Ven conmigo a un viaje de mágico misterio. Mujer vivaz: profesora de arte, cuarenta y tres años, en forma, con sentido lúdico, creativa, busca persona afín que valore la intimidad, la integridad y la comunidad para explorar la amistad, el amor y la conexión espiritual. Aficiones: *jazz*, música clásica, teatro, senderismo, ir en canoa, aventura, cine y las cabañas acogedoras. Dime quién eres».

8. **Esencia**. La esencia es simplemente ser. Vivimos sin mente, recuerdos o asociaciones con las experiencias o enseñanzas del pasado. No hay separación, solo una conexión silente con ese espacio silencioso que hay

en nuestro interior que está conectado con el gran vacío del universo: un campo de energía que trasciende nuestros pensamientos y nuestro ego. Cuando nos relacionamos desde la esencia somos sinceros, amables y compasivos. Vemos a las personas tal como son sin proyectar nada ni idealizarlas. En el plano esencial, somos una corriente estable de conciencia, vivimos el momento, no nos preocupamos ni por el pasado ni por el futuro. Si nos concentráramos completamente en este plano, tal vez no escribiríamos anuncios. Si lo hiciéramos quizás diríamos: «¿Quién soy yo? ¿Quién eres tú? Exploremos juntos este viaje».

A medida que vamos incorporando más niveles de vínculos (especialmente psicológicos, creativos y espirituales) nos vamos acercando a vivir desde la esencia: nuestras máscaras se caen, el miedo desaparece y recorremos nuestro camino ligeros de equipaje, disfrutando de los matices del momento pasajero.

14 ¿FUSIÓN O LIBERTAD? ENTIENDE EL CAMINO QUE CONDUCE A LAS RELACIONES ÍNTIMAS

El único camino hacia el conocimiento total se encuentra en el acto de amar: este acto trasciende el pensamiento y las palabras. Es la inmersión audaz en la experiencia de la unión. Amar a alguien no es solo un sentimiento fuerte, es una decisión, un juicio, una promesa.

ERICH FROMM, *El arte de amar*

No importa cuáles sean tus sentimientos respecto a salir con alguien (claridad y seguridad o nerviosismo e inseguridad), la tarea para todos es la misma: caminar por el sendero del autoconocimiento, para aprender a ver a los demás con la mente clara y dejar a un lado nuestras imágenes y expectativas para vivir más desde nuestra esencia. Esto nos permite zambullirnos osadamente en la unión.

Diferenciación es un término psicológico; el primero en utilizarlo fue el terapeuta de familia Murray Bowen, para describir los fundamentos de las relaciones íntimas. *Diferenciación* significa la facultad de mantener tu propia identidad cuando tienes una relación estrecha con otras personas o ideologías: eres capaz de mantener tu seguridad interior sin dejarte llevar por las emociones, opiniones o estados de ánimo de los demás. Al mismo tiempo, estás abierto a otras personas. La diferenciación aporta amplitud y receptividad porque nuestra mente está libre.

Fusión, lo contrario a diferenciación, es cuando nos implicamos demasiado con alguien. A la otra persona le duele la cabeza, pero la aspirina te la tomas tú. Se queda sin trabajo, y eres tú la que lee los anuncios. En muchas familias, se confunde la fusión con el amor: «Si no estás mal cuando yo estoy mal, es que no me quieres», «Si no quieres sexo cuando yo lo quiero, me estás rechazando». Cuando estás fusionada o fusionado, las diferencias se consideran amenazas porque todo ha de ser bueno o malo. De modo que si tenemos dos opiniones distintas uno de los dos «ha de» estar equivocado. Es inevitable que esta actitud nos conduzca a discutir y a culpabilizar. Esta es la razón por la que la fusión interfiere en las relaciones muy estrechas. No permite que dos personas distintas piensen, perciban o manejen las situaciones de modo diferente.

Todos empezamos nuestra vida estando completamente fusionados con nuestra madre. Pasar de la fusión a la diferenciación es un proceso del *desarrollo* que tiene lugar a lo largo de toda la vida. De hecho, el proceso de diferenciación es totalmente equiparable a nuestra evolución en el ámbito espiritual. La espiritualidad y la diferenciación son simplemente contextos para entender los mismos conceptos. He citado características de la fusión y de la diferenciación porque, en mi trabajo con mis clientes, me he dado cuenta de que a algunas personas les gusta tener una lista que incluya banderas rojas de advertencia, mientras que otras prefieren una lista que les indique la ruta que quieren tomar. En las listas que vienen a continuación, expongo las características de la fusión sin dar demasiadas explicaciones, seguidas de las características de la diferenciación. Tal vez te sea de utilidad leerlas diariamente o elegir uno o dos de los temas para centrarte en ellos.

Advertencia: el ego, al que le encantan las clasificaciones de bueno o malo, puede que llegue a la conclusión de que la fusión es mala y la diferenciación buena. La finalidad de estas listas no es decirte cuáles son las formas «correcta» e «incorrecta» de actuar, sino ayudarte a ser consciente en tu vida cotidiana. No hay bueno ni malo, simplemente cada momento es *lo que es*. Solo podemos cambiar aquello de lo que somos conscientes. En terminología budista, podríamos decir que evites apegarte al lugar en el que te encuentras en tu camino; solo aporta tu curiosidad y fascinación adondequiera que estés en el presente. Es normal que pases de un grado de fusión y diferenciación a otro, según las distintas situaciones y personas con las que te relaciones durante el día.

CARACTERÍSTICAS DE LA FUSIÓN

1. *Perderte en las relaciones estrechas.* Intentar adivinar lo que quiere el otro, controlar tu conducta para complacer a los demás, preocuparte por lo que piensen otros de ti.

2. *Tener tu autoestima/estado de ánimo infectado/afectado por las ansiedades y preocupaciones del otro.*

3. *Medir tu valía según la aprobación o los halagos, notas, clase social, aspecto, peso, etcétera, externos.*

4. *Reaccionar inconscientemente debido a los condicionamientos, lecciones aprendidas o traumas de la infancia.* Con frecuencia tenemos flashes repentinos de miedo, dolor, ira o resentimiento que son desproporcionados para la situación.

5. *Culpabilizar a otros.* Percibimos el mundo, a las personas y a las máquinas como «nos están haciendo esto», en lugar de considerar el papel que ejercemos nosotros mismos en nuestros propios dramas y problemas.

6. *Estar a la defensiva ante las críticas, ideologías, visiones y creencias distintas.*

7. *Necesitar tener razón o creer siempre que estamos equivocadas/os.*

8. *Depender de los demás para consolarnos y calmarnos.*

9. *Nos cuesta dar a los demás o damos calculando los resultados.*

10. *Aferrarnos a la virtud, al sufrimiento o al «victimismo».* Nos presentamos como un pajarillo herido o una víctima de la vida para incitar a la comprensión o a la lástima.

11. *Tener conductas compulsivas y adictivas.*

12. *Cambiar nuestro personaje o conducta para agradar o controlar a los demás.*

13. *Rescatar a las personas, preocuparse por ellas, dramatismo excesivo respecto a los problemas.*

14. *Mantener relaciones tóxicas y dolorosas por miedo y dependencia, o por temor a la soledad.*

CARACTERÍSTICAS DE LA DIFERENCIACIÓN

1. *Conservar tu centro en las relaciones.* Esto incluye valorar la integridad en todos los aspectos de la vida y ser capaz de autodefinirte: para decir no, sí o quizás. También significa ser capaz de expresar sentimientos, cuidar bien de ti y ser sincera/o, aunque ello suponga tratar temas difíciles.

2. *Mantener la autoestima y el estado de ánimo constante ante la ansiedad y las preocupaciones de otros.* Somos compasivos y ayudamos sin implicarnos emocionalmente cuando un amigo o un ser querido está angustiado, deprimido o pasando una etapa difícil. En lugar de absorber esos sentimientos o sentirnos responsables de solucionar el problema, serenemos los ánimos, aconsejemos y seamos testigos afectuosos.

3. *Saber que nuestro valor es un don.* Nuestra autoestima no se inmuta ante la ganancia, la pérdida, el éxito, el fracaso, el dolor y el placer, porque sabemos que nuestro valor es inherente a nuestra propia existencia. Todos somos seres sagrados y nos interrelacionamos con la vida.

4. *Desarrollar un conjunto de valores a través de la reflexión, de ser conscientes, del aprendizaje y de la experimentación.* En vez de confiar en una autoridad externa para determinar nuestras creencias y valores, aprendemos a

confiar en nuestra sabiduría interna que se desarrolla a raíz de nuestra experiencia, contemplación y meditación. Esto suele suponer desechar mucho de lo que hemos aprendido en nuestra familia, en la escuela o en las instituciones religiosas.

5. *Sentirte cómoda/o o fascinada/o por distintas teorías, sistemas de creencias y perspectivas.* Puesto que nos sentimos seguros con nuestros propios valores o creencias, no importa si alguien está de acuerdo o no. Las diferencias son normales, no suponen una amenaza y son interesantes: nos ofrecen una visión rápida de otro mundo. En lugar de ponernos la armadura inmediatamente («hago esto de esta manera») sentimos curiosidad. ¿Cómo funciona esta creencia para esta persona? ¿Cómo ha llegado a albergarla? ¿Qué significa?

6. *Reconocer la seducción, el control y la manipulación, la nuestra y la de los demás.* Los guerreros espirituales pueden distinguir con claridad los signos de la manipulación y de la seducción emocional: la suya y la ajena. No confiamos a ciegas, confiamos con sensatez basándonos en la realidad. Del mismo modo, examinamos nuestras motivaciones y no nos autoengañamos u ocultamos detrás de una falsa inocencia, encanto o ingenuidad.

7. *Ser capaces de autorreflexionar y de enfrentarnos a nosotros mismos.* Las personas que se diferencian claramente suelen reflexionar sobre su conducta y enfrentarse

a ellas mismas: «¿Cómo he contribuido a este problema, a esta monotonía sexual, a esta relación desintegradora?», «¿Por qué sigo con esta persona tan mezquina?». Estamos enfocados en nuestro interior, asumimos nuestras equivocaciones, nos disculpamos cuando corresponde y dejamos a la otra persona cuando es dañina.

8. *Pedir y recibir ayuda sin sentirnos débiles o comprometidos.* Puesto que aceptamos nuestra condición humana y que somos imperfectos, pedimos ayuda cuando lo necesitamos. Somos conscientes de que al recibir estamos permitiendo que otra persona experimente el don de dar. Los actos de dar y de recibir nos unen en un círculo de conexión.

9. *Dar sin segundas intenciones y sin sentir que estás renunciando a una parte de ti.* Las personas bien diferenciadas se complacen en dar desde la abundancia, que no conoce lo que es dar con segundas intenciones.

10. *Ver a los demás con claridad.* Al diferenciar, dejamos de clasificar a la gente, abandonamos nuestras expectativas y creencias preconcebidas, y las conocemos por lo que son. Esto nos permite crear verdadera proximidad.

11. *Aprender a consolarnos y a serenarnos cuando estamos estresados o tenemos dificultades.* Cuando las personas bien diferenciadas se enfrentan a la ira, la hostilidad o los traumas, tienen recursos internos para calmarse y se alejan de la situación, en vez de reaccionar

impulsivamente. En lugar de ponerse a discutir o perder la paciencia son capaces de hacer una pausa y no echar más leña al fuego o de no ponerse al mismo nivel que la otra persona.

En resumen, cuando diferenciamos nos dejamos atrás el miedo y pasamos al entusiasmo, vamos de la separación a la conexión, de la inseguridad a la confianza, de la seriedad al juego y a la alegría. Somos capaces de retroceder y observarnos con amabilidad, curiosidad y sentido del humor. Esto nos sitúa sobre una base firme para crear una relación vibrante y duradera. *Cuando somos capaces de refugiarnos en nosotros mismos nos fusionamos sin miedo porque nos sentimos plenos estemos donde estemos.*

> *Por consiguiente, en un matrimonio sano, ambos cónyuges aportan la suma de lo que son en su unión, y cada uno se enriquece gracias al otro. Para lograr este tipo de unión, los cónyuges deberán abrirse el uno al otro. Esto siempre ha sido así con las parejas que he conocido: estaban abiertos el uno al otro, enseguida estaban atentos a cualquier cosa que fuera a decir su pareja. Se escuchaban, se observaban y se miraban mutuamente.*
>
> **CATHERINE JOHNSON,**
> *Lucky in Love* [Afortunados en el amor]

15 DEFINE LO QUE DESEAS

*Y ahora permanecen la fe, la esperanza y el amor,
estos tres; pero de los tres el mayor es el amor.
Seguid el amor y desead los dones espirituales.*

CORINTIOS 13:9, 14:1

Ahora que has visto los grados de vinculación, ha llegado el momento de definir lo que quieres en una pareja. Caminamos sobre un sutil filo, porque aunque por una parte hemos de tener claro lo que es importante para nosotros, por otra hemos de estar abiertos para que quepa en nuestra vida una buena pareja, que no es como habíamos imaginado.

Pensabas que tu gran amor tendría pelo, pero conoces a un hombre maravilloso y calvo. O querías una mujer judía, pero esta encantadora católica te ha embelesado, es vivaz, inteligente y te apoya tal como eres. O no querías a alguien que tuviera hijos, pero estas dos jovencitas de este hombre que acabas de conocer son encantadoras y te gusta estar con ellas.

Una mujer puso un anuncio en un portal de contactos y recibió tres respuestas que le interesaron. Un hombre hablaba de su gusto por las actividades al aire libre: senderismo, canoa y acampada. Otro estaba implicado en numerosas organizaciones de su comunidad, que ella admiraba, y también compartía su interés por las actividades al aire libre. El tercero, al que estuvo a punto de no contestarle, entre otras cosas, dirigía un motel. No se podía imaginar que podrían llegar a conectar, pero hubo algo en su voz, en el mensaje grabado que le dejó, que le llamó la atención. Conoció a los tres, ¿y sabes qué? Con el que más afinidad sintió fue con el del motel. Había heredado el negocio y le gustaba porque le dejaba tiempo libre para hacer lo que le gustaba. Era generoso en lo que respectaba al servicio a la comunidad, le encantaban las actividades al aire libre y, lo más importante, era bondadoso y cariñoso. Cuando pudo distanciarse de sus ideas preconcebidas y adentrarse en su experiencia, descubrió que estar con él era un verdadero placer. Y resulto ser «él».

CONSEJO

Permanece receptiva/o y déjate sorprender.
Pero no olvides tus valores.

Aquí tienes un resumen de cómo las personas creamos vínculos, tal como vimos en el capítulo trece:

1. Físicos/materiales: aspecto, clase social, edad, educación, dinero.

2. Intelectuales: nivel de inteligencia, uso de la inteligencia y la sabiduría.

3. Intereses: aficiones, trabajo, tiempo libre.

4. Valores/estilo de vida: religión, número de hijos, ideas respecto a la educación de los hijos.

5. Psicológicos/emocionales: capacidad para las relaciones íntimas, madurez emocional.

6. Creatividad/pasión: sentido lúdico, talentos, nivel de energía y alegría.

7. Espiritualidad: compromiso con un camino veraz, integridad y servicio.

8. Esencia: habilidad para fluir en el amor, la verdad, la bondad y el poder.

Los pasos siguientes te ayudarán a crear la descripción de la pareja que buscas.

Paso 1: sin censurarte, escribe debajo de cada uno de los encabezamientos anteriores todo lo que se te ocurra que te gustaría encontrar en una pareja. Hazlo con sinceridad. Si quieres que sea una persona delgada, que tenga un buen trabajo, pelo grueso y sin canas, ni adicciones, si es lo que se te ocurre, escríbelo. Si quieres alguien muy inteligente, que juegue al tenis, que sea de tu misma religión o que le guste el senderismo, exprésalo. Tómate tu tiempo para escribirlo todo. Cuando hayas terminado, lee tu lista otra vez y reflexiona sobre lo que has escrito.

Paso 2: mira tu lista y observa cuál es el tema principal. ¿Está en el aspecto material y de intereses o tiende más hacia lo espiritual? ¿Está presente en todos los niveles? Si te obsesiona mucho el aspecto físico y la edad, pregúntate por qué. ¿Qué significa para ti que tu pareja sea delgada? ¿Por qué tiene que compartir contigo tu afición por el golf? ¿Por qué quieres conocer a un hombre de clase alta? ¿Por qué es importante que alguien sea consciente de su viaje espiritual? Profundiza en las respuestas.

Paso 3: revisa la lista y califica cada tema en una escala del 1 al 3, de acuerdo con los siguientes baremos: 1) crucial, no negociable; 2) deseable, pero no esencial; 3) agradable, pero no imprescindible.

Paso 4: basándote en lo que has anotado, escribe un párrafo donde describas a quien deseas conocer. Incluye valores, aficiones, aspecto o lo que se te ocurra. De lo que se trata es de describir a la otra persona. Utiliza cincuenta palabras, no más. Recuerda que la mayoría de la gente disfruta yendo al cine, saliendo a cenar, abrazando, así que cuanto más creativa sea la descripción mejor.

Paso 5: restringe la lista a menos de diez palabras cruciales. Luego cinco. Ahora, ¿puedes buscar una palabra especial que transmita la esencia de lo que deseas? Cuando Julia decidió poner un anuncio para atraer a un espíritu afín, deseaba atraer a alguien que también estuviera en el camino espiritual, pero no quería parecer demasiado seria. Le vino a la mente la palabra *namaste*: es un saludo hindú que se suele usar en las reuniones espirituales y que significa 'saludo a la divinidad que hay en ti'. Y funcionó. Un hombre que jamás había respondido a ningún anuncio, al echar un vistazo al periódico reconoció el saludo y le llamó la atención. Eso lo animó a llamar por teléfono.

Paso 6: imagina cómo sería pasar tiempo con la persona que acabas de describir en tu párrafo de cincuenta palabras. ¿Has tenido en cuenta los valores, intereses y cualidades que estás buscando en una pareja?

Paso 7: escribe un anuncio en una página de contactos basándote en tu lista. No es necesario que lo escribas allí realmente, pero puedes considerarlo como la versión práctica de tu carta al universo. Recuerda que todo lo que haces transmite un mensaje. Cuando escribas tu anuncio, sé lo más creativa/o posible.

Este ejercicio me recuerda a una pareja de mediana edad que conocí en una concentración de motos BMW. Hicieron una presentación con diapositivas de sus tres años viajando juntos por el mundo en su moto. Era evidente que los dos compartían su placer por esta aventura y daban muestras de una asombrosa capacidad para guardar la calma cuando tenían que enfrentarse a retrasos de días enteros, debidos a la burocracia del lugar o a los desprendimientos que se producían en las carreteras. Impresionada por su capacidad para pasar tanto tiempo juntos y aparentemente bien, les pregunté si se habían conocido por su afición a las motos.

«No», respondió ella riéndose. Ella nunca había montado en moto. Él buscaba a alguien sin hijos para viajar por el mundo en moto. Cuando se conocieron probaron a montar juntos y se lanzaron a la aventura. Esto enfatiza la importancia de tener muy claro lo que quieres y de estar abierto a algo nuevo. Él sabía muy bien lo que quería, deseaba hacerlo y anhelaba poder compartir su viaje con alguien. Ella sabía lo que quería en un ser humano y aceptó un cambio de estilo de vida completo para estar con él.

Recuerda: sé sincera con lo que buscas. Si lo que quieres es alguien con quien compartir un viaje en globo, dilo. Si quieres ir a hacer el sendero de los Apalaches, vivir en una cabaña en la montaña o en un lujoso apartamento en el centro de la ciudad de Nueva York, hazlo saber. No hay excusas. Y si alguien llama a tu puerta con una idea nueva, no le cierres la puerta sin darle una oportunidad.

16 DEFINE LO QUE PUEDES DAR

El paso siguiente es valorar lo que tú *puedes* ofrecer, qué estás *dispuesta o dispuesto* a dar y cuánta energía tienes para invertir en otra persona, en estos momentos. Puede que algunas mujeres, para empezar, deseen un «caballero para los domingos», otras tal vez estén buscando un compañero o un amigo, mientras que otras buscan una relación duradera que requiere tiempo y energía emocional.

Cuanto más sinceros seamos, menos confundiremos a los demás. Andy respondió a un anuncio de una mujer que buscaba una relación estable.

Lo que no le dijo en su primera cita es que lo que más le había atraído de ella eran sus aficiones por el tenis y la bicicleta, y aunque tenía una vaga idea de que una relación estable podría ser bonita, no tenía ni el tiempo ni la energía emocional necesaria para crear esa unión. Ni que decir tiene que Andy ocasionó mucha confusión y sufrimiento a Julia, pues demostraba tener mucho interés por ella y realmente le gustaba estar en su compañía, pero después de haber estado juntos o de haber hecho el amor se alejaba.

—Solo quiero que seamos amigos —acabó diciéndole.

—Yo ya tengo amigos —respondió ella, decepcionada—. ¿Por qué me haces el amor si solo quieres una amiga? Yo puse un anuncio para encontrar un hombre que quisiera una relación estable, ojalá me lo hubieras dicho antes.

Para evaluar lo que puedes dar:

Paso 1: vuelve a la lista de sobre cómo creamos vínculos, que vimos en el capítulo trece y reflexiona sobre lo que realmente tienes para dar en una relación en cada categoría, desde el plano físico y mental hasta tu verdadera esencia. Repasa la lista y escribe todo lo que se te ocurra en cada uno de los niveles. Incluye tus mejores atributos y tus peores conductas: gritas cuando te enfadas, eres exigente, tiendes a ser introvertida/o, hablas sin descanso cuando estás nerviosa/o, eres muy susceptible, te vuelves posesiva/o, celosa/o, etcétera.

Paso 2: escribe un párrafo que te describa, por completo (puedes escribir dos páginas o diez).

Paso 3: escribe un anuncio que se pueda publicar en un portal de citas. Incluye lo que deseas obtener y lo que puedes dar.

Paso 4: aproximadamente un día después, lee lo que has escrito y haz los cambios que consideres oportunos.

Recuerda que no has de ser perfecta/o para encontrar un amante. Todos podemos manejar nuestras peores facetas si conseguimos verlas objetivamente, como una «cosa más», como una parte de nosotros, no como nuestro ser esencial.

17 CUANDO CONFÍAS EN EL PODER DE LA ATRACCIÓN

La mayoría de los matrimonios felices se mantienen unidos gracias a un poderoso y duradero vínculo sexual, aunque las parejas ni siquiera sean conscientes de ello.

CATHERINE JOHNSON,
Lucky in Love [Afortunados en el amor]

La atracción es un fenómeno sorprendente, un maravilloso ejemplo de la compleja interacción que existe entre el cuerpo y la mente. Entras en una sala medio aburrida, conoces a alguien que te llama la atención, y en cuestión de minutos se activa la energía, el corazón te late más deprisa, las palmas te empiezan a sudar y sientes atracción sexual. Esto se debe a una enorme cadena de respuestas bioquímicas que implican al hipotálamo, al sistema nervioso simpático y a la pituitaria y las glándulas adrenales, que trabajan en equipo para liberar epinefrina: la sustancia química que nos «excita» sexualmente.

El tema del enamoramiento es muy controvertido. Nos sentimos atraídos hacia alguien porque esa persona refleja las facetas que tenemos abandonadas, nuestro yo herido, nuestro deseo de fusionarnos con una madre o deidad amorosas. Aunque en parte esto sea cierto, también es importante recordar que, como especie, hemos sido creados para enamorarnos y aparearnos. Esta es la razón por la que la excitación sexual es una sensación tan agradable: ha sido creada para garantizar la procreación.

Puesto que enamorarse es una experiencia biológica intensa, a menudo nos desvinculamos de nuestro neocórtex, la zona del cerebro que alberga la razón, la reflexión y la inteligencia, para disfrutar con los sentimientos agradables. Por desgracia, nuestro gusto por el romance y por la «excitación» (el subidón de epinefrina) puede conducirnos a confundir estas sensaciones con el amor y a que iniciemos una relación con la misma inteligencia que lo harían un gato y una gata en celo. Por otra parte, muchas parejas estables iniciaron su relación gracias a que existía una intensa atracción física y sexual entre ellos. Sin lugar a dudas, primero fue la lujuria y luego el vínculo duradero.

Necesitamos química sexual y una fuerte atracción para crear un fuego duradero con otra persona. Catherine Johnson, autora de *Lucky in Love* [Afortunados en el amor], que es un estudio sobre las relaciones estables felices, escribió: «Rasca un poco la superficie de estos matrimonios [felices], y con frecuencia se revelará una sexualidad fuerte y vigorosa, una clara *química* sexual. No cabe duda de que muchos, tal vez la mayoría, de estos matrimonios felices empezaron con una fuerte atracción sexual, aunque con el paso de los años ya no sea tan intensa».

Mientras algunas personas tenemos la suerte de sentir una gran atracción, enamorarnos y forjar una buena relación, otras han de ser más precavidas respecto a su deseo sexual. Hemos de comprobar si nuestras hormonas están trabajando de acuerdo con nuestra mente y nuestro corazón.

Para decidirnos por alguien, una de las decisiones más importantes que tomaremos en nuestra vida, es aconsejable que nos planteemos estas importantes preguntas:

- ¿Me siento atraída/o por esta persona como una persona adulta o como un niño?
- ¿Quién siente la atracción, mi espíritu o mi ego?
- ¿Son mis hormonas las que deciden o decide mi corazón, mi instinto o mi sabiduría, o una mezcla de todo ello?

Cuando actuamos como adultos, buscamos una pareja o cónyuge para que esa persona sea nuestra amante, amiga y compañera en nuestro viaje espiritual. Cuando actuamos como niños, buscamos a alguien que nos rescate, que nos haga sentirnos importantes, que nos consuele o que nos haga tocar el cielo sexualmente. Este estado infantil es el que nos conduce a la fantasía del príncipe y la Cenicienta y a tener sueños ilusorios de estar siempre «enamorados».

Curiosamente, según Paul Pearsall, autor de *Sexual Healing* [Sanación sexual], la respuesta bioquímica al encaprichamiento constante, a «estar enamorados» o a buscar un subidón sexual sin que exista una verdadera conexión sexual nos conduce a segregar grandes dosis de epinefrina, que a su vez provoca agitación crónica del sistema nervioso autónomo o sentimientos de inquietud y nerviosismo. Esto a su vez puede provocar irritabilidad, cansancio y colapso del sistema inmunitario, que causará ansiedad y depresión crónicas. Esta es la auténtica experiencia del mal de amores. Cuando las personas se vuelven adictas al subidón de la epinefrina y solo buscan la emoción de la novedad, casi cualquiera les va bien. Pearsall escribió: «El sexo caliente reactivo seguido de sentimientos fríos, como el remordimiento o la soledad, puede acabar enseñando a nuestro sistema inmunitario a estar tan [...] desconectados como hemos estado en nuestras decisiones íntimas».

Por otra parte, cuando creamos una conexión consciente, amorosa y personal con otro individuo, y nos sentimos sexualmente atraídos hacia él, nuestro cuerpo genera la hormona oxitocina, que nos aporta sentimientos de conexión, confianza y sensualidad. Da la coincidencia de que es la misma hormona que segregan las madres cuando amamantan a sus bebés. Según Pearsall, «es la neuroquímica de la conexión íntima lo que también ayuda a equilibrar el sistema inmunitario». En una relación amorosa, recíproca y que se consolida con el tiempo, nuestro cuerpo tarda casi cuatro años en dejar de producir el subidón de epinefrina y empezar a segregar oxitocina, lo que significa que muchas personas jamás llegan a experimentar una verdadera unión.

Cuando combinamos el conocimiento de nuestra bioquímica con nuestro conocimiento espiritual, podemos apreciar que *lo que es bueno para nuestro viaje espiritual es bueno para nuestras relaciones y nuestro sistema inmunitario. No hay separación entre los tres. Es como si nuestro cuerpo nos suplicara que amáramos bien, que usáramos nuestra inteligencia y que eligiéramos con acierto.*

Nuestros pensamientos, sentimientos, células, hormonas, glándulas, conciencia, ternura, compasión, sexualidad e integridad son como las piezas de un calidoscopio interactuando entre ellas, creando el diseño de nuestra identidad y de nuestros sentimientos. Cuanto más se unen como un todo integrado, más podemos confiar en nuestra atracción.

Aunque muchos terapeutas y autores de libros sobre relaciones dan a entender que el fuego inicial de una nueva relación inevitablemente pasará a convertirse en una relación más estable que sustituirá a la atracción sexual, otros profesionales de este campo opinan lo contrario. Si elegimos una pareja por la que sentimos una fuerte atracción sexual y somos fieles a nuestro viaje espiritual siendo amables y sinceros mutuamente, la atracción sexual puede seguir siendo intensa. De hecho, esta fuerte atracción por nuestra pareja es lo que nos ayuda a querernos mutuamente, incluso a querer nuestras rarezas, es lo que mantiene vivos los sentimientos románticos. La mayoría de las parejas felices a las que entrevistó Johnson seguían estando muy enamoradas, sentían atracción sexual mutua y era evidente que conocían el corazón de su Amado o Amada. Poseían una gracia, familiaridad, adoración e inconfundible energía sexual que se transmitía entre ellos.

18 LIBERA TU CORAZÓN: HAZ LAS PACES CON TUS PADRES

Para tener pareja hemos de «abandonar nuestro hogar». El voto que se realiza en las bodas cristianas, «renuncia al resto y céntrate solo en él o ella», da a entender que nuestra pareja ha de ser lo principal en nuestra vida. Esto no significa que abandonemos a nuestros padres (o hijos), solo que nos diferenciamos de ellos, concepto que ya traté en el capítulo catorce.

Hay dos aspectos básicos en lo que respecta a «abandonar el hogar». En primer lugar debemos explorar los valores y las actitudes que hemos aprendido, hacer un cribado, conservar las que nos ayudan en nuestro camino espiritual y liberarnos de las que bloquean nuestro viaje. En segundo lugar, hemos de revisar todas las conclusiones sobre nosotros miismos, a las que llegamos debido a nuestra educación. La gente suele decir cosas como: «Tengo miedo de ser demasiado afectuosa, *porque* mi madre era muy fría». Esto excluye un paso esencial. En realidad, no tenemos miedo de ser afectuosos *porque* nuestra madre fuera fría. Tenemos miedo de ser afectuosos *porque interpretamos que su conducta quería decir que* nosotros no éramos dignos de su afecto y llegamos a la conclusión de que ser cariñosos era peligroso. Hemos de replantearnos las secuencias de suposiciones y conclusiones a las que llegamos en un momento de nuestra vida para que dejen de influir en nuestra conducta. De lo contrario, siempre estaremos malinterpretando a nuestro amado o amada. Nuestra pareja nos dice: «Esta noche no podremos estar juntos», y nosotros respondemos: «Lo que pasa es que no soy importante para ti». Básicamente, hemos caído en una especie de trance infantil y vemos a la otra persona como el progenitor que no nos prestaba atención.

Nuestro grado de diferenciación de nuestros progenitores o cuidadores primarios suele reflejar el grado en que hemos hecho las paces con ellos. Para averiguar cuál es ese grado, revisa la lista siguiente, puntúa en una escala del 1 (no es cierto en absoluto) al 10 (totalmente cierto) tu diferenciación de ellos (la mayoría de las preguntas también son válidas aunque hayan fallecido). Entonces, si te parece oportuno, vuelve a revisar la lista, pensando en tus hijos adultos. Cuanto más baja sea la puntuación, más te habrás diferenciado de tus padres (o hijos adultos). De nuevo, es importante que no te aferres a querer dar una respuesta «correcta». Desde el aspecto contemplativo puedes decir: «¡Hum!, esto es interesante, ¿cómo me está afectando en mi vida?».

Cuidador 1 / Cuidador 2

_____/_____ 1. Tengo miedo a ser diferente de ellos, a decepcionarlos o hacerles daño.

_____/_____ 2. Intento no parecerme a ninguno de ellos.

_____/_____ 3. Tengo miedo de ser sincera/o con ellos o de llevarles la contraria.

_____/_____ 4. Todavía intento buscar su aprobación. Todavía me siento mal por no conseguir nunca su aprobación.

_____/_____ 5. Todavía me siento dolida/o o me pongo furiosa/o por algunas de las experiencias de mi infancia.

_____/_____ 6. Muchas veces sigo dándoles prioridad a ellos, en lugar de dársela a mi pareja.

_____/_____ 7. Siempre les estoy llamando, preocupándome por ellos o sintiéndome responsable de su felicidad.

_____/_____ 8. Otras personas suelen recordarme los aspectos negativos de mis padres.

_____/_____ 9. Son o fueron mis únicos amigos verdaderos.

Hacer las paces con nuestros padres es darnos cuenta de hasta qué punto nos parecemos a ellos y en qué nos diferenciamos. Solemos odiar los aspectos de nuestros padres que odiamos en nosotros. Hemos de hacer las paces con esos aspectos. Puede que ni siquiera seamos conscientes de estas facetas y afirmemos que somos totalmente distintos de ellos. Al liberarnos de las historias que nos hemos montado respecto a nosotros, la compasión inunda nuestro corazón y también a esas grandes figuras a las que llamamos padre y madre, que poco a poco se irán convirtiendo en «ese hombre» y «esa mujer», seres humanos imperfectos recorriendo su propio camino.

Nuestra visión de la conducta de nuestros progenitores puede sufrir un cambio radical cuando exploremos debajo de nuestras máscaras y nos podamos ver a nosotros mismos y a ellos con claridad y ternura. Yo pasé de ser una adolescente cargada de rabia a convertirme en una hija agradecida respecto a mi padre. Fui pelando las muchas capas de heridas y rabia, y llegué a la admiración y el amor que tenía enterrados. Supuso un cambio gradual que se fue produciendo a medida que iba siendo más objetiva y empezaba a verlo como un hombre con su propia historia, con una familia y una herencia. Se convirtió en un ser humano con sus defectos, pero maravilloso al mismo tiempo, como lo somos todos: competente e inseguro, protector y egoísta, alguien que vivía en la prisión de que nunca había conseguido lo suficiente. Ahora lo recuerdo y puedo apreciar su amabilidad con mis amistades, nuestros paseos por la naturaleza, su intelecto vivaz y su capacidad para cuestionarlo todo, salvo a sí mismo, por supuesto. En estos momentos, ya puedo contemplar a aquella adolescente con compasión, sabiendo que lanzarle dagas verbales a mi padre era mi forma rudimentaria de autoprotegerme.

El secreto está en acariciar con ternura nuestras heridas, explorar nuestras creencias esenciales falsas y conducirnos a nosotros mismos y a nuestros progenitores a nuestro corazón, donde toda sanación es posible. Perdonar a nuestros padres es perdonarnos. Perdonarnos es perdonar a nuestros padres.

19 RESUELVE LOS «ASUNTOS PENDIENTES» CON TU FAMILIA, TUS AMIGOS Y TUS EXPAREJAS

Más allá de las ideas hay un campo.
¿Nos veremos allí?

RUMÍ

Para reencontrarnos en el campo que trasciende las ideas, ese lugar de paz y amor, conviene que nos hayamos liberado del resentimiento y curado las heridas del pasado. Para algunos es una ardua tarea, pero a medida que vamos sintiendo la ligereza que experimentamos después de haber hecho las paces con los demás, adquirimos el valor necesario para continuar.

Cerrar viejas heridas y resolver conflictos es un importante proceso interno y externo. A veces, nos sigue preocupando una antigua relación porque seguimos contándonos historias sobre cómo reflejaba quiénes éramos —una tarada, un estúpido, o vivíamos engañados—. En tal caso, hemos de cuestionarnos nuestras falsas suposiciones. Puede que no sea necesario que hables con la otra persona. En otras ocasiones, si sigue estando en nuestra vida o creemos que puede ser útil hablar, tal vez decidamos hacerlo.

Sea como fuere, vale la pena que seamos conscientes de que las pérdidas y los conflictos no resueltos viven en nuestro interior en forma de diversos tipos de energía. Puede que, de pronto, sientas un nudo en la boca del estómago, un dolor sordo en el pecho o una opresión en la garganta al recordar al amante al que dejaste sin despedirte, a la pareja a la que dejaste después de haberle gritado, la muerte de tu anterior compañero o compañera, o la pelea con tu hermano, al que le has retirado la palabra. Si notas las sensaciones de tu cuerpo cuando piensas en «algo que se quedó a medias», estas te ayudarán a darte cuenta del dolor que acarreas. Para ser consciente de los asuntos pendientes que tienes en tu vida, hazte las siguientes preguntas:

1. ¿En quién pienso cuando recuerdo un asunto pendiente, una herida o un sufrimiento?
2. ¿Con quién he de disculparme?
3. ¿Con quién he de hablar de un conflicto y buscar una solución?
4. ¿A quién he de dar las gracias?
5. ¿Qué conclusiones he sacado sobre mí que están relacionadas con esta situación?

Tu lista puede ser corta o larga. Puede cambiar cuando empieces con el proceso. Te reconcilias con alguien y otra situación parece resolverse por sí misma en tu mente o, de pronto, se te ocurre alguna otra cosa que has de solucionar.

Si vas en serio con lo de tener una relación en que exista un vínculo espiritual, toma esta lista y empieza a trabajártela. Aunque a veces aparquemos los conflictos por resolver en un estante, estos saben cómo caerse y darnos en la cabeza cuando menos lo esperemos. Pensábamos que ya no teníamos heridas abiertas, pero cuando un amigo nos habla de una antigua pareja, de repente, nos embarga la tristeza o notamos un pinchazo agudo en el corazón.

DISCULPAS

El arte de saber disculparse es esencial en todas las relaciones. Las disculpas reconstruyen el puente que se había destruido cuando herimos a esa persona, intencionada o accidentalmente. Disculparse no implica humillarse o regodearse en el sentimiento de culpa. Sencillamente, reconocemos que no actuamos con sensibilidad, que fuimos despiadados o dañinos y que lo sentimos. Incluso aunque la situación por resolver se remonte a hace treinta años, pedir perdón puede suponer un tremendo alivio.

ARREGLAR VIEJOS CONFLICTOS

Haz una lista de personas con las que tienes algún asunto pendiente. Empieza por el que te parezca más fácil de solventar. Si se trata de un conflicto muy antiguo, una carta puede que produzca menos *shock* que una llamada telefónica; le dará a la otra persona la oportunidad de reflexionar sobre tus palabras y no la pillarás por sorpresa.

También te ayudará a expresarte mejor, pero escucha tu intuición.

La carta o petición puede ser muy simple: «He estado pensando en ti últimamente y he sentido el profundo deseo de que nos veamos y hablemos para ver si podemos hacer las paces. No tengo ningún plan para el futuro en lo que a nosotros respecta, pero tal vez si habláramos, podríamos aparcar los viejos conflictos y al menos podríamos pensar en nosotros sin rencor alguno. Mis mejores deseos».

Si no tienes noticias suyas en un par de semanas, puedes telefonearla y pedirle que os veáis en persona. Si no quiere, puedes preguntarle a qué estaría dispuesta: ¿hablar por teléfono?, ¿pensárselo más?

Si no quiere reunirse contigo en modo alguno, puedes escribirle una segunda carta donde expreses todo lo que quieres decirle para sentirte bien. Exprésate sin rodeos, no la ataques e intenta resumir cómo te sientes sin excederte. Imagina cómo te sentirías si recibieras una carta que incluyera:

1. Lo que te gustaba de ella (su sentido del humor, cómo te apoyaba en los momentos difíciles, etc.).
2. Lo que te molestaba o te hizo daño en la relación. Sé específica/o (su irresponsabilidad, hablar de ti a tus espaldas con un viejo amigo o amiga, etc.).
3. Lo que aprendiste de ella y de vuestra relación (los aspectos positivos, ser más responsable con el dinero, aprender a ir en canoa, etc.).

4. Cualquier otra cosa importante que se te ocurra (tal vez ponerla al día de lo que has estado haciendo desde la última vez que os visteis).

5. Tu disposición o no disposición a dejar la puerta abierta.

Te sorprenderá el efecto que tiene escribir una carta. Una vez, le escribí a Marlene, una mujer que asistía a las reuniones de cuáqueros, porque se había vuelto muy fría conmigo. Intuía que su cambio de conducta se debía a que desaprobaba la forma en que yo trataba a mi hija en una etapa difícil de mi vida. En mi carta, le expliqué brevemente mi preocupación y le pedí que hablara conmigo. Su respuesta fue tajante: me respondió con una nota en la que me decía que no tenía tiempo, que estaba demasiado ocupada. Pero para mi sorpresa la siguiente vez que me vio me sonrió y me dio un gran abrazo. Según parece, el hecho de que hubiera sacado a la luz el «problema» había suavizado sus sentimientos negativos hacia mí. Y el asunto se resolvió de este modo. Marlene y yo somos amigas desde entonces.

Asimismo, si alguien te pide hablar para reconciliarse contigo, hazlo salvo que haya riesgo de que te haga daño. En el camino espiritual, nos comprometemos a convertirnos en un instrumento de sanación y de estrechar distancias. Si hablar con esa persona es peligroso porque ha sido violenta, pídele un encuentro con otra persona delante o escríbele una carta.

DUELO

El duelo ha terminado cuando podemos recordar a la otra persona con tranquilidad y con capacidad para apreciar lo que hemos aprendido de ella. Ya no sentimos ese vacío en la boca del estómago cuando vamos a la casa donde habíamos convivido ni sentimos un dolor profundo al despertar y recordar que ya no está.

Hemos de escuchar a nuestra voz interior y no intentar acelerar el proceso de encontrar a otra persona o negarnos la libertad para seguir adelante. Normalmente, siempre se ha aconsejado a la gente que esperara un año antes de ponerse a buscar otra pareja: para sentir la casa vacía, las vacaciones sin su presencia, un cumpleaños sin ella. Esto puede ser una buena directriz, pero solo es eso, una directriz. Tu verdadera guía es tu sabiduría interior.

Del mismo modo, si conoces a alguien que todavía está llorando una pérdida, lo mejor que puedes hacer es alejarte o no implicarte más allá de una amistad. Alguien que esté inmerso en un duelo no puede participar de la dinámica de dar y recibir con otra persona hasta que haya sanado su corazón.

GRATITUD

Los asuntos pendientes también incluyen expresar nuestro amor y gratitud hacia los demás. Muchas cartas con encabezamientos como «Querida Ann» o «Querida Abby» expresan remordimientos por no haberle dicho «te quiero» a esa persona antes de su muerte. Cuando damos las gracias a aquellos que han significado algo especial para nosotros, es como cerrar un círculo. Alguien nos dio algo, y ahora le correspondemos.

Cerrar nuestras viejas heridas y expresar nuestra gratitud ayuda a que nuestra energía fluya sin tropiezos y libera tensión de nuestro cuerpo. Lo digo literalmente. Este invierno, tras haberme enfrentado a algunos de mis miedos más arraigados y haber gestionado una situación desagradable que me había paralizado emocionalmente, me fui a practicar esquí campo a través con una amiga y, por primera vez, pude seguir su ritmo sin jadear. No dejaba de preguntarle: «Gerry, ¿vas tan despacio para quedar bien?», y ella me respondía: «No, es que tú vas mucho más deprisa». ¡Liberarme del miedo indiscutiblemente ha mejorado mi capacidad pulmonar!

Al empezar el proceso de zanjar asuntos pendientes, procura ser amable contigo. En el budismo, no existe el concepto de pecado. Todas las acciones perjudiciales surgen del inconsciente y de la desconexión de nuestra esencia. Recuerda que todos estamos intentando despertar. Cuando hay dolor entre dos personas significa que nos estamos aferrando a nuestra ilusión de la separación y no podemos traspasar el caparazón de nuestra personalidad para llegar a la esencia del otro. Una vez que hemos podido disolver la pantalla de humo que nos envuelve, regresa el amor, o al menos recobramos la paz, aunque nos separemos para siempre.

20 EXPERIMENTA TU ESPACIO MENTAL: OBSERVA TUS CREENCIAS LIMITADORAS SOBRE CÓMO CONOCER A ALGUIEN

El prerrequisito más importante para encontrar a alguien con quien vivir una relación íntima satisfactoria es desear esa relación. Con todo tu corazón, genuinamente, con entusiasmo, de manera unidireccional, sin reservas.

SUSAN PAGE, *If I'm So Wonderful, Why Am I Still Single?* [Si soy tan maravillosa, ¿por qué sigo soltera?]

Insto a las personas que se sorprenden de no haber atraído a una pareja a que exploren los mensajes negativos que están transmitiendo. Muchas de ellas tienen una letanía de razones para justificar su situación: «Tengo miedo de que vuelvan a hacerme daño», «Siempre elijo las personas incorrectas», «No hay buena gente», «Soy demasiado mayor, soy demasiado joven, estoy demasiado gorda, soy demasiado inteligente, soy demasiado estúpido, demasiado pobre, demasiado rica, demasiado obstinado, demasiado apasionada, estoy demasiado ocupado, demasiado evolucionada, soy demasiado aburrido»... Haz una lista con todas tus razones y recuerda que solo son eso: razones o excusas. Escucha las protestas de tu ego e imagina el tipo de espacio del que disfrutarías si tu coro griego interior hiciera un entreacto o si dejaras de tomarte en serio estos pensamientos.

Para que te hagas una idea de los mensajes que estás transmitiendo, te recomiendo que escribas un anuncio en broma para una página de citas basándote en las cosas negativas que dices sobre ti:

Hombre con sobrepeso, aburrido, tozudo, que suele obsesionarse con las mujeres, busca mujer guapa, con talento para afianzar su ego y llenar su vacío.

Mujer de cincuenta y dos años, desesperada por haber sobrepasado los cincuenta, preocupada por su silueta, probablemente más inteligente que la mayoría, aunque cuenta con una serie de relaciones conflictivas. Necesita hombre que no sea de fiar para que la critique y la abandone al poco tiempo.

Estos anuncios en broma pueden parecer ridículos, pero sea lo que sea que nos digamos a nosotros mismos, eso es lo que estamos transmitiendo al universo, y es tan cierto como si fuéramos por ahí con una pancarta que pusiera: «Hola, soy un desastre, ven a amarme».

Hemos de recordar que la desesperación no es lo mismo que deleitarnos con la idea de tener a alguien a nuestro lado. Cuando estamos muy necesitados o deseamos que alguien llene el vacío que sentimos en nuestra vida, lo que conseguimos es alejar a la gente. Aun así, las personas necesitadas también encuentran pareja, aunque suele ser alguien tan inseguro y conflictivo como ellas.

Las personas encuentran parejas cuando tienen miedo, cuando están abiertas, cuando son felices, cuando están tristes, cuando están enfermas, cuando están sanas, cuando están buscando y cuando disfrutan estando solteras. En cierto modo, es inexplicable cómo llegamos a conocer a alguien en un momento dado. No obstante, entretanto, podemos realizar el intento conjunto de buscar pareja sin apegarnos al resultado.

Cuanta más gente conozcas, en cuantas más actividades participes o cuanto más te relaciones con otros solteros, más probabilidades tendrás de conocer a alguien. Es la ley de los promedios.* Cuando compramos zapatos, buscamos trabajo, reflexionamos para hacer un cambio en nuestra trayectoria profesional, invertimos dinero o compramos una casa, se nos enseña a ser sistemáticos y a esforzarnos para tomar una buena decisión. Lo mismo sucede cuando buscamos pareja, especialmente las personas que superan los treinta, que ya no encuentran gente soltera con tanta facilidad, como les sucedía a los veintipocos años.

Puedes decirles a tus amigos que estás buscando a alguien, a la vez que utilizas anuncios o agencias de contactos y participas en grupos de personas con las que compartes aficiones. En Estados Unidos, la mayoría de los

---

* N. de la T.: En la medida en que algo se repita, podremos calcular con qué frecuencia se producirá en nuestra vida.

periódicos locales tienen una sección de actividades, trabajo voluntario y diversos tipos de grupos de apoyo. Conozco personas que se han conocido en ferias de artesanía, yendo de acampada, en grupos de padres o madres solteros, en el trabajo, en albergues para adultos, clubes de tenis para gente de mediana edad, grupos para madres lesbianas, cursos vocacionales, clases de cualquier tipo, cafeterías, karaokes, clubes de vela u organizaciones religiosas, por citar algunos. Lo cierto es que para conocer gente has de estar en el mundo. De vez en cuando hay excepciones: una amiga conoció a su futuro esposo cuando este fue a su casa a empapelar, pero no podemos confiar en eso.

Igualmente, podemos estar abiertos y atentos a las posibles parejas sin estar constantemente preocupados o analizando cada evento en busca de ESA PERSONA. Es una danza sutil de dejarse llevar y no cerrarse. Es un proceso, una forma de fe, donde interpretamos un papel, sin estar totalmente al frente. Unas veces, no encontramos a nadie porque simplemente no sucede; otras puede indicar una ambivalencia inconsciente.

Considera tus pensamientos de autoderrota como una valla que te rodea y que marca dónde termina tu compasión y dónde empiezan tus duras autocríticas. Para liberarte, imagina que traspasas esa valla y te adentras en el vasto campo que se extiende más allá de tu vista. Permite que una brisa aligere tus pensamientos y se los lleve, y observa que formas parte de la inmensa energía que nos conecta a todos.

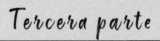

Tercera parte

ADÉNTRATE EN EL FUEGO SAGRADO

El viaje hacia las
relaciones íntimas

21 IR PASO A PASO EN EL AMOR: EXPLORA LOS BENEFICIOS DE PERMANECER CONSCIENTE

Uno de los mayores errores que muchos cometemos cuando estamos buscando a la pareja perfecta es apresurarnos en nuestros juicios respecto a ella. Compartir tus pensamientos y sentimientos con otra persona puede tener una potente resonancia mental y emocional que prenderá la llama de la resonancia sexual. La atracción gradual puede llegar a ser más genuina que la «lujuria a primera vista».

BARBARA DEANGELIS, *¿Eres mi media naranja?*

Si deseas mantener el equilibrio y tener la mente clara, o si has tenido la experiencia de una relación problemática, opta por ir a paso de tortuga. Ir despacio es otra forma de decir: «Sé consciente». Permanecer consciente no es fácil porque nuestro instinto de supervivencia intenta evitar el malestar y tener las cosas definidas y establecidas. Pero en las primeras etapas de salir con alguien esto no es posible porque nos falta mucha información. No sabemos si la atracción perdurará. No sabemos si la otra persona es tan buena como parece. No sabemos si acabaremos consolidando nuestra relación.

Ir paso a paso en el amor no es lo mismo que enamorarte, o sentirte atraído sexualmente por alguien, porque estás conectado con tu inteligencia. Enamorarse, que viene a ser como desconectarnos de nuestro neocórtex para regirnos por nuestros instintos básicos, puede ocasionar euforia, pero también encubre rasgos de depresión: incapacidad para concentrarnos, comer o dormir, obsesión, no preocuparnos por nuestro trabajo y agobiarnos por nuestras responsabilidades. Estos signos de depresión no deberían extrañarnos. «Enamorarnos» y proyectar la imagen de «la persona perfecta» en nuestra nueva ilusión implica que nos sentimos incompletos tal como somos ahora.

Si tus disparatadas expectativas empiezan a sobrepasarte y pierdes tu perspectiva, concéntrate en el ritmo de la respiración. Interiorízate y pregúntate: «¿Qué locas expectativas estoy fomentando?», «¿Estoy proyectando la imagen de la madre amorosa, del padre que me protegerá, de la gran boda o del álbum de fotos de mi vida?». Vuelve al presente. Deshazte de tus expectativas y contempla al mortal que tienes delante.

A veces, reprimirnos nos parece imposible o antinatural. Sigue revisándote. ¿Se trata de alguna vaga y descabellada fantasía o es la corriente de un río potente y poderoso? Puede ser totalmente correcto fluir con esa corriente siempre y cuando recuerdes:

> *El único camino seguro es vivir conscientemente, momento a momento, y desapegarte de los resultados.*

Algunas personas prefieren ir poco a poco en el amor, aunque sus hormonas estén encendidas, porque las experiencias que han tenido en su vida les han enseñado que la fuerte atracción sexual puede ser engañosa. Diane me dijo que tras muchos años de soltería, conoció a alguien que despertó su interés al instante, incluso su antiguo deseo de convertirse en amantes enseguida. Ella le explicó que anteriormente había confundido el amor con el sexo y le dijo que quería tener bastantes experiencias diversas con él, antes de mantener relaciones sexuales. «Pensé que si discutía o me presionaba es que no era la persona adecuada para mí. Y que si me esperaba sería fantástico». Desarrollaron un vínculo estable antes de hacer el amor y consiguieron crear una buena relación.

Ir paso a paso en el amor significa permanecer conscientes y estar alerta. También implica tener el valor para hablar desde la serenidad de nuestra voz interior. Decirle a alguien que te importa da un poco de miedo cuando no sabes si la relación va a funcionar. No nos sentimos cómodos cuando nuestros peculiares hábitos y conductas compulsivas quedan al descubierto. Ser consciente conlleva la agridulce cualidad de la esperanza y el desasosiego. *Permanecer conscientes no excluye que sintamos la euforia del temblor interno que experimentamos cuando nuestro amado o amada entra por la puerta o la felicidad pura de estar juntos. Significa que nuestro entusiasmo existe a la par que nuestros temores.*

Las parejas suelen recurrir a la psicoterapia para recuperar el subidón que sentían de amor y sexo al inicio de su relación. Levantaron el vuelo con sus frágiles alas y se estrellaron al confundir la lujuria con el amor, así que jamás ampliaron su vínculo. Cuando vamos despacio en el amor, es más probable que experimentemos la unión del verdadero fuego de nuestros corazones, porque nuestro vínculo se basa en una serie de experiencias, en estar juntos, en la familiaridad y en nuestra habilidad para hablar de los conflictos. El sexo y el amor florecerán a la par que el enriquecedor y cálido sentimiento que surge de un vínculo sólido, en el que uno vive en el corazón del otro.

22 ANUNCIOS, AGENCIAS DE CONTACTOS Y CLUBES DE *SINGLES*

Cuando buscas pareja hazlo desde la abundancia,
no desde la escasez.
Incrementa deliberadamente el flujo de
personas que pasan por tu vida.

SUSAN PAGE, *If I'm So Wonderful, Why Am I Still*
Single? [Si soy tan maravillosa, ¿por qué sigo soltera?]

He hablado con muchas personas que anhelan tener pareja, pero que tienen miedo de poner un anuncio, de utilizar una agencia de contactos o de ir a un club de *singles* (solteros). Algunas de sus razones o excusas son: «No quiero malgastar mi tiempo conociendo gente aburrida», «Tengo miedo de no saber qué decir en mi primera cita», «No soportaría herir los sentimientos de alguien rechazándolo», «Sencillamente, no soy el tipo de persona que pondría un anuncio» o «Si ha de ser, ya aparecerá alguien».

Aunque nadie debería hacer algo que fuera en contra de sus principios, si el miedo te bloquea, pero te gustaría probar uno de estos medios, a continuación tienes algunas reflexiones que te ayudarán a liberarte de las películas que te montas para evitar explorar estas posibilidades:

- Todo lo que vale la pena requiere tiempo y esfuerzo. Buscamos mucho cuando queremos comprarnos zapatos, un coche o una casa. ¿Por qué no invertir, entonces, el mismo esfuerzo para buscar pareja?
- La vida es corta. ¿Por qué consumirnos en la indolencia cuando podemos actuar para incrementar considerablemente nuestras posibilidades de conocer a alguien?
- Es una aventura.
- No es un catálogo, solo estás intentando averiguar si hay alguna coincidencia.
- El temor a conocer a alguien a través de un anuncio o club de solteros te ayudará a saber cuáles son tus limitaciones y a crecer.
- Si no sabes qué decir en una primera cita, siempre puedes recurrir al «no sé qué decir, estoy un poco nerviosa/o».
- Puede que conozcas a un posible amigo.
- Por último, ¿qué puedes perder? ¿Qué puedes ganar?

ANUNCIOS

Aunque en nuestra cultura occidental no tenemos matrimonios concertados, podrías considerar poner un anuncio para buscar pareja como la versión actualizada de dicha práctica, pero siendo tú quien hace los arreglos. Un anuncio es una afirmación directa de lo que deseas: «Estoy buscando un amigo/amante/esposo, así soy yo, ¿quién eres, estás interesado?». Es una forma directa, económica y viable de conocer gente, que hace que el proceso sea más rápido.

Otra característica de los anuncios que también puede ser útil es que el aspecto físico *no* es el primer paso para conectar con alguien. Tu cerebro y tu intuición entran en juego al leer el anuncio, escuchar los mensajes de voz y tener un par de conversaciones telefónicas con la persona que responde. No voy a negar la importancia de la atracción física, pero conectar en los valores, los intereses y, principalmente, la intuición puede ayudarnos a atravesar más fácilmente el aspecto superficial de la otra persona.

Los anuncios son muy útiles para un creciente número de individuos que superan los treinta, cuarenta, cincuenta o incluso sesenta años, que no conocen regularmente mucha gente que esté libre. No solo verán tu anuncio muchas personas, sino que al ponerlo le estarás transmitiendo energía al universo: «¡Eh! Estoy aquí, dispuesta/o a asumir el riesgo de zambullirme (bueno, tal vez bajar por la escalerilla) en una relación».

Poner o responder anuncios (y utilizar las agencias de contactos por Internet) es una buena práctica para autodefinirnos, identificar lo que queremos y poner nuestros límites («sí», «no», «me gustaría», «no me gustaría»), las mismas habilidades que tan necesarias son para las relaciones. He puesto anuncios algunas veces y en dos ocasiones conocí personas que fueron muy importantes en mi vida. Otra vez, bueno, ¡puedo decir que aprendí mucho!

Ahora se estila más poner un anuncio y dejar un mensaje hablado de dos o tres minutos. La gente responde leyendo tu anuncio y respondiendo a un buzón de voz a través de un número gratuito 900.* Él o ella escucha tu mensaje y, si le apetece, te deja un mensaje, donde te indicará su nombre y un número de teléfono. Tú lo escuchas y decides si quieres responder. Es increíble lo que puedes deducir con un breve mensaje. ¿Cómo suena su voz, cálida y fluida o rígida, fingida y tensa? ¿Responde esa persona a lo que dices, habla solo de sí misma o prácticamente no dice nada? ¿Te ha llegado su mensaje?

Si decides responder a alguien no es necesario que reveles tu apellido, ni que des tu número de teléfono. Si te parece extraño, recuerda que tienes derecho a autoprotegerte si lo consideras necesario. Deshacernos de las máscaras no significa que seamos incautos. Algunas personas se sienten obligadas a responder a cada llamada y a conocer a todas las personas. Aunque es una opción, no tienes ninguna obligación.

---

* N. de la T.: Debe tenerse en cuenta que este libro fue escrito en la década de los noventa y este es un sistema que actualmente está desfasado, debido a las nuevas herramientas de comunicación que poseemos ahora (las aplicaciones de contactos y sitios de citas están a la orden del día). También el concepto «carta» mencionado en apartados anteriores resulta obsoleto con la implantación generalizada del correo electrónico y los mensajes, y con el cambio que ello supone en cuestión de tiempos y fluidez.

Cuando por fin hables con alguien, escucha atentamente tu respuesta interior. ¿Cómo la calificarías en una escala del uno al diez (de baja o alta)? Procura mantener una conversación sencilla y recuerda que su objetivo es decidir si os queréis conocer en persona, no se trata de ahondar en vuestras intimidades. Asegúrate de hacer preguntas importantes que te puedan ayudar a tomar la decisión. Por ejemplo, cuando escribía un anuncio, intentaba averiguar si esa persona bebía o consumía algún otro tipo de sustancia, porque no quería estar con alguien que fuera adicto al alcohol o a alguna otra cosa. Un hombre se ofendió y casi me gritó: «Tengo derecho a tomar cerveza al final de un largo día de trabajo. Es deliciosa», así que puse fin a aquella conversación sin pensármelo mucho.

Si sientes que no hay conexión con la otra persona, dilo amablemente y no hagas planes para quedar con ella. No malgastes tu tiempo o el suyo. Recuerda que la sinceridad es la esencia de la espiritualidad. La mayoría de la gente, incluida yo misma, no hace caso a su intuición y tiene unas cuantas citas desafortunadas, antes de confiar en su instinto. También está bien. En esta aventura hacia la conciencia adquirirás valiosas habilidades.

CLUBES DE SOLTEROS/GRUPOS DE AFICIONES

Hay muchos tipos de grupos de solteros en muchas ciudades. La mayoría de ellos organizan encuentros y tienen diferentes grupos de aficiones: cantar, senderismo, tenis, bailar, etcétera. Ir a uno de esos clubes, al principio, puede resultarnos algo incómodo porque sabes que las personas que están allí también buscan a alguien, incluida tú. A veces, ir acompañado resulta menos violento. Si te unes a un grupo de afición que te interese, empezarás a conocer personas haciendo algo que te gusta. No vayas con la idea de encontrar al príncipe o a la princesa perfectos, hazlo solo con la idea de pasártelo bien.

Recuerda de nuevo que cuanta más práctica adquieras conociendo gente, más aprenderás respecto a ti y respecto a lo que quieres. Varias personas con las que he hablado me han dicho que al principio no encontraron a nadie que les interesara como pareja, pero que hicieron muy buenos amigos.

AGENCIAS DE CONTACTOS

Puedes aplicar las mismas sugerencias para los anuncios personales que para los encuentros a través de una agencia de contactos. Como sucede con los anuncios, has de recordar que puede que hables con treinta personas o más (o las conozcas) antes de encontrar a tu pareja.

Las agencias de contactos son de diversos tipos, pero en general su procedimiento se basa en realizar entrevistas exhaustivas y en darte un cuestionario, que introducirán en un ordenador. También puede que usen fotos o vídeos. Si optas por una agencia de contactos, pídeles que te muestren su cuestionario y observa si las preguntas reflejan tus valores. Una vez me gasté mucho dinero y rellené un larguísimo cuestionario en el que se me preguntaba por mis aficiones, mi educación y mi aspecto físico, es decir, de todo sobre mi vida. En lo único que aparentemente hallaron una coincidencia para presentarme candidatos fue en la estatura. ¡Todos los hombres que me presentaron medían menos de 1,65! No solo no teníamos nada en común, sino que nuestra filosofía de vida era radicalmente opuesta. Llamé a la agencia y les dije: «Mirad, yo soy liberal y pacifista. Defiendo la justicia social. ¿Tenéis alguna forma de comprobar esta afinidad?». Me respondieron que no, que no preguntaban nada sobre política. Les pedí que al menos intentaran buscar alguna otra característica que no fuera la estatura. El siguiente hombre que me llamó fue un alto ejecutivo con una buena situación económica, que creía que debíamos mantener nuestra fuerza militar a través de la Guerra de las Galaxias.* Aunque me gustó su voz y su vibrante energía, nuestras filosofías eran totalmente dispares. Mantuvimos una charla bastante larga y le pregunté si le interesaba leer un librito que trataba sobre el coste que tiene la guerra para el ser humano. Me dijo que sí y le envié *El centésimo mono*, de Ken Keyes. También prescindí de los servicios de la agencia,

* N. de la T.: Durante la Guerra Fría, el pánico nuclear hizo que las superpotencias del momento, Estados Unidos y la Unión de Repúblicas Socialistas Soviéticas (URSS) compitieran ferozmente en el ámbito de los grandes avances tanto científicos como económicos y sociales. Así, surgió lo que la prensa estadounidense bautizó como «Guerra de las Estrellas o «Guerra de las Galaxias» durante el periodo de la presidencia de Ronald Reagan, quien gastó enormes cantidades de dinero en un nuevo armamento «espacial» que dejara obsoletas las opciones nucleares.

pero esto es solo mi experiencia. La tuya puede ser totalmente distinta.

INTERNET

Cada vez circulan más historias de personas que se conocen a través de Internet, unas veces intencionadamente y otras por casualidad. Caryl, una mujer que vivía en San Francisco, estaba participando en un *chat* de baloncesto. Le gustó un comentario que hizo un hombre de Salmon, Idaho, y le envió un mensaje instantáneo. Se enfrascaron en una conversación sobre deporte. Al poco tiempo, él la llamó. Unas semanas más tarde, la invitó a visitarlo y al cabo de poco tiempo, se comprometieron y se casaron.

Unas personas que se conocieron gracias a Internet, se enviaron fotos y vídeos mutuamente, y sintieron una gran conexión. Animo a quienes se conocen a través de este medio y que están lejos a que se envíen fotos o vídeos, porque es importante saber si sienten atracción física el uno por el otro. Repito que no es un filtro infalible, pero probablemente a través de una foto puedes saber quién *no* te interesa. Si tienes dudas, y existen muchas afinidades en otros aspectos, dale una oportunidad a la cita en persona.

El inconveniente de Internet es que puesto que aquellos que se conocen a través de este medio suelen vivir en otras ciudades, no tendrán la oportunidad de estar juntos, a menos que uno de los dos se traslade a la ciudad del otro. Dado que cuando estás lejos es tan fácil dejarse llevar por la fantasía y crear la persona de tus sueños, una relación a distancia puede ser arriesgada. No obstante, hay gente que se conoce así. Todo es posible.

Has de escuchar tu intuición respecto a probar una de estas vías o todas ellas. La actitud con la que afrontas cualquier situación influirá en tu experiencia. Si para ti una reunión de *singles* es como ponerte a la venta en el mercado de las personas que buscan sexo, esa será tu experiencia. Si participas con espíritu aventurero y te enfocas en el deseo de amar que tenemos todos los seres humanos, esa será tu experiencia.

Como sucede con todo, tendrás que ir pelando las capas de tus expectativas, proyecciones y esperanzas, para conocer a las personas sin los filtros y recuerdos del pasado que condicionan tu visión. Sigue preguntándote: «¿Quién es esta persona en estos momentos?», «¿Quién soy yo ahora?».

En general, procura no apegarte al resultado, ni con los anuncios ni con las agencias de contactos; simplemente, contémplalos como una forma de abrir puertas y entregar tu petición al universo.

23 RECUERDA: LAS PRIMERAS CITAS SON SOLO UN MOMENTO EN EL TIEMPO

Cuando un hombre y una mujer que están destinados a estar felizmente casados se conocen,
conectan casi al instante.
No cabe duda de que no perciben ningún trasfondo turbio, lo suyo es una experiencia totalmente luminosa.

CATHERINE JOHNSON, *Lucky in Love* [Afortunados en el amor]

Conciertas una primera cita. Puede tratarse de una persona a la que has conocido por casualidad o de un viejo amigo por el que se te ha despertado un interés romántico. Independientemente de si la cita ha sido organizada por una agencia o ha surgido tras haber publicado un anuncio, para los dos será vuestra primera vez.

En el camino espiritual de la igualdad, puede ser tanto el hombre como la mujer quien proponga el encuentro. Ya sé que esto rompe las reglas de muchos libros sobre citas, pero *si pretendemos crear amor y respeto entre ambos sexos, hemos de partir de un modelo de encuentro igualitario.* En el plano espiritual, no hay diferencia entre hombres y mujeres.

Si te vas a citar con alguien que ya conoces, déjate guiar por tu intuición, aunque yo evitaría quedar en casa de uno de los dos, salvo que conozcas bien a esa persona y ya hayas estado previamente en su casa varias veces. Incluso así, recomiendo prudencia, porque cuando la amistad se convierte en romance, algunas personas cambian de repente. Si se trata de alguien que no conoces, planifica algo sencillo para un encuentro que no dure más de una hora y media, como ir a tomar un café, a comer, a caminar por un parque público o lo que surja a raíz de vuestra conversación. Si habéis conectado bien, podéis pasar algo más de tiempo juntos. Recuerda quedar siempre en un sitio neutro con mucha gente, vístete como sueles hacerlo y ten presente que si lo que quieres es gustar has de mostrarte tal como eres. *Si lo que presentas es una imagen y la otra persona se enamora de ella, te verás forzada o forzado a tener que mantener siempre dicha imagen.* Y nunca sentirás que sea una relación auténtica ni te sentirás amado porque lo que ha conquistado al otro es tu personaje.

No malgastes el tiempo en fantasear o hiriéndote con tus expectativas. Recuerda que tal vez tengas que conocer a muchas personas antes de encontrar la que buscas. Asimismo, no olvides que no existe la persona «inadecuada», sino simplemente que no es lo que tú buscas. Procura que cada cita sea una ventana hacia su vida, un momento de luminoso amanecer, una aventura.

Aquí tienes algunos pensamientos que te ayudarán a relajarte: simplemente, os citáis para ver si sois compatibles. Los dos sois personas sagradas que estáis en el camino, los dos buscáis el amor. Es tan solo un momento en el tiempo, un vistazo en la vida de otra persona, una lección. No es una auditoría. Ninguno tiene razón o está equivocado, ninguno es deseable o indeseable. Se trata de observar si hay conexión o no. Eso es algo que no se puede forzar. Se produce o no se produce. Nadie puede rechazarte salvo tú mismo. No te autoengañes. Si no te apetece una segunda cita, díselo. Si sabes que te gustaría volver a ver a esa persona, díselo. Si te llevas un chasco porque no quiere volver a verte, piensa que, a la larga, es lo mejor para ti.

Recuerda que lo más normal es que una primera cita sea el momento de decidir si quieres una segunda cita. Recopilas datos: «¿Me siento atraída/o hacia esta persona?», «¿Tenemos intereses o valores comunes?», «¿Fluimos?», «¿Me siento cómoda/o siendo yo misma/o?». Simplifiquemos.

He leído un sinfín de libros sobre citas, un montón de reglas sobre qué decir o no decir. Pero lo cierto es esto:

En el camino espiritual las reglas son simples.
Sé amable, compasiva/o, sincera/o y natural.

Sintoniza con la experiencia. Observa el proceso de tomar decisiones. Por ejemplo, ¿cómo decidís quién paga? Algunos hombres inmediatamente hacen el gesto. Si se trata de dos mujeres o de dos hombres, lo más habitual es que paguen a medias, aunque no siempre es así. Si sé que no volveré a ver a esa persona, prefiero pagarme lo mío. Una vez, le pregunté a un hombre si quería que pagáramos a medias y me respondió indignado: «Yo nunca dejo que una mujer se pague su cena». «Qué otras cosas *nunca* dejaría que hiciera una mujer», pensé yo, con las ideas muy claras de que lo nuestro no iba a funcionar jamás.

Cuando Julia conoció a Tony, el hombre que respondió a su anuncio que empezaba con la palabra *namaste*, se lo pasaron tan bien en la comida que estuvieron el resto del día juntos, hicieron recados, pasearon, cenaron y asistieron a un concierto de *jazz*. Sin embargo, le molestó un poco cuando al ir a comprar la entrada para el concierto le preguntó si le parecía bien que cada uno se pagara lo suyo.

«Le dije que sí, pero sentí que mi feminista interior se enfrentaba a la romántica que quería recibir un trato de favor. Pero ¿por qué tiene que pagar él más que yo? Sabía que él no tenía mucho dinero. Me preguntaba si en realidad no sería que era tacaño. Antes de tener la segunda cita hablamos del tema de "¿quién paga?" y acordamos que alternaríamos en el pago, porque a mí no me gusta la sensación de ir sola que da el pagarse cada uno lo suyo. Prefiero la dinámica de dar y recibir», me explicó Julia.

Si te obsesionas con lo que te va a responder la otra persona, recuerda que *conectáis o no conectáis y que tú eres quien eres.* Somos mucho más transparentes de lo que nos gustaría. Es una buena idea escuchar bien y responder a la otra persona, revelar algo sobre ti que no sea demasiado personal y tener sentido del humor, por supuesto. Pero si nunca has escuchado atentamente, tendrás tendencia a charlar o a estar demasiado seria, esto es lo más probable. Puedes fingir escuchar o hacer comentarios animosos, pero si no los sientes se notará.

Si tienes sentido del humor y eres divertida por naturaleza, sé así. Si eres prudente y callado, sé así. Si se te da bien hacer que la gente se abra a ti con preguntas, hazlas. Ser nosotros mismos es un acto de fe y de amor propio, y la única fuente de verdadera unión que propicia que nos saquemos la máscara y que revelemos nuestra naturaleza búdica.

Otra forma de elevar tu estado de conciencia es observar el nivel de energía que existe entre vosotros. De nuevo, puedes medir el grado de conexión. Puntúalo del uno al diez, siendo diez el más alto. ¿Cuál es el nivel de energía cuando hablas de las cosas que te interesan? ¿Qué le sucede a ese nivel de energía cuando la otra persona no para de hablar? ¿Qué pasa cuando uno de los dos se queja de su antigua pareja? Si te baja la energía y la conversación empieza a irse por derroteros poco agradables, pasa a hacer otra cosa, aunque eso suponga interrumpir a la otra persona y redirigir la conversación. A veces, puede ser útil decir: «Me siento incómoda/o», «No te estoy siguiendo», «No sé qué decir» o incluso «Me parece que no estamos conectando». Paradójicamente, cualquier observación sincera de este tipo cambiará vuestro estado de ánimo para mejor… o te ayudará a darte cuenta de que esa persona no es para ti.

Cuando esté a punto de acabar la primera cita, puedes decidir si te gustaría un segundo encuentro. Cualquiera de los dos puede dar este paso. Puedes plantear la pregunta: «Bueno, ¿qué vamos a hacer a partir de ahora?» o decir: «Me gustaría volverte a ver, porque me parece que tenemos mucho en común». Por otra parte, si no estás interesada o interesado, no promuevas falsas expectativas. No le digas: «Te llamaré», si sabes que no lo vas a hacer. Si la otra persona te pregunta por qué no quieres otra cita, puedes decir: «Creo que no somos compatibles», sin dar más explicaciones. Si te presiona, es el momento de largarte.

Si en la primera cita ya intuyes un trasfondo turbio, aléjate. Aunque te asome la más mínima duda o solo oigas una sutil campanita de aviso en el fondo de tu mente, escúchala, escúchala, escúchala, especialmente si tienes por costumbre desoír el peligro. Cuando empezamos a enamorarnos, sobre todo si inmediatamente se despierta una fuerte atracción sexual, puede ser difícil escuchar esas señales: recuerda que desoír los presagios tempranos de posibles problemas se paga caro. Como terapeuta de parejas, he visto muchas veces que las dudas que aparecen en las primeras citas siguen presentes en la relación veinte años después. Como escribe Catherine Johnson: «Una buena relación es una "experiencia luminosa"».

Si los dos estáis de acuerdo en volver a veros, planificadlo o llamaos más adelante. También puedes decir que no estás segura/o de tus sentimientos, pero que te gustaría seguir conociéndolo/a. En algunos casos las personas se dan cuenta de que no se sienten atraídas como amantes, pero que al compartir aficiones pueden ser buenas amigas.

Recuerda que en el camino espiritual no «hacemos las cosas bien», las hacemos con naturalidad, con curiosidad y con un corazón alegre. Es comprensible que tengamos esperanzas, pero en el camino, la aceptación es primordial. Realiza un esfuerzo sincero y no te preocupes del resultado.

Aquí tienes cuatro sugerencias para que no te desvíes del camino:

1. Observa el grado de conexión.
2. Observa el flujo de dar y recibir.
3. Confía en ti y en tu intuición.
4. Diviértete y recuerda, todo esto es un espectáculo pasajero.

24 HIJOS Y CITAS: AMOR SUFICIENTE PARA TODOS

Sois los arcos desde los cuales vuestros hijos,
cual flechas vivientes, son lanzados.
Que la tensión que os causa la mano
del arquero sea vuestra alegría.

KHALIL GIBRAN, *El profeta*

Muchas historias de amor y odio son relatadas por niños cuyos padres se vuelven a casar o comienzan una nueva relación.

Aunque estamos acostumbrados a oír historias de padrastros o madrastras celosos que rechazan a los hijos de su pareja, también existen situaciones en las que los hijos encuentran a un cariñoso aliado en la nueva pareja de su padre o de su madre. Hay veces en que los niños albergan resentimiento al principio, pero, con el tiempo, acaban creando un vínculo de confianza. En todas las fusiones familiares, padres e hijos tienen que redefinir su situación y dejar espacio a todos los implicados para explorar y expresar sus preocupaciones y temores.

Todos somos los guardianes de nuestros hijos, les debemos protección, seguridad y amor. Nuestra insensibilidad y nuestras decisiones insensatas pueden suponer un doloroso legado que podría tener una grave repercusión en sus vidas. Por otra parte, si les damos comprensión y consideración y mantenemos un vínculo afectuoso, no tendrán que construir murallas alrededor de su corazón para proteger sus heridas; incluso pueden prosperar cuando el padre o la madre inicien una nueva relación.

Es imprescindible que seamos sinceros con nosotros mismos cuando iniciamos una relación con alguien que tiene uno o más hijos. ¿Estás dispuesta/o a compartir el amor de tu pareja con sus hijos y a abrirles tu corazón? ¿O sientes que ya no estás para educar hijos o no tienes interés en hacerlo? Sea como fuere, no te juzgues, sé totalmente sincera o sincero.

Si tienes hijos, ve con cuidado si te estás planteando introducir a alguien nuevo en tu vida y, por consiguiente, en sus vidas. Para los niños puede ser inquietante la aparición y desaparición súbita de una serie de personas. Si una posible pareja tiene celos de tus hijos o no es amable con ellos, aléjate. No es la persona adecuada para ti o para tu familia.

Existe un sutil equilibrio entre la lealtad a tus propios hijos y la lealtad a una nueva pareja. Los niños y niñas son muy susceptibles al ninguneo o a ser relegados a segundo plano. Normalmente, lo que desean es una explicación clara, aunque sea sencilla, de lo que está pasando. Puedes explicarles que tienes nuevas amistades y asegurarles con palabras y con tu conducta que cuentan con un lugar seguro en tu corazón. Al fin y al cabo, si estás soltera o soltero, es probable que ya hayan sufrido la pérdida de un progenitor a tiempo completo, ya sea a causa de un divorcio o de una muerte, y es posible que pensar que eso les puede volver a suceder los tenga aterrorizados.

Además, el adulto eres tú. No tienes que justificar tus salidas; si observas que lo estás haciendo, suele ser porque te sientes culpable. Intenta ayudar a tus hijos a comprender la situación: «Es un amigo/a nuevo. Esta noche vamos a salir. Llegaré tarde a casa, pero mañana desayunaremos juntos». Si no se lo aclaramos a nuestros hijos, tal vez nos pidan explicaciones en el momento más inoportuno. Recuerdo que mi hija, con su inocente vocecita de cuatro años, le preguntó a mi primera cita: «¿Eres el novio de mi mamá?». Peor aún: «¿Vas a dormir aquí?». ¡Más me hubiera valido adelantarme!

Un niño o niña que tiene una relación parental segura y afectuosa es más probable que acepte a la nueva pareja sentimental de su progenitor que uno o una que carezca de apoyo emocional o que haya sido la principal fuente de ese apoyo para su madre o su padre. En las relaciones saludables entre progenitores e hijos/hijas, los roles de cada uno están claros y los primeros no usan a los segundos para satisfacer sus propias carencias emocionales. Los niños y niñas con vínculos sólidos suelen ver la posibilidad de recibir más amor cuando entra en escena una persona nueva, mientras que los inseguros temerán que esta les arrebate ese amor.

Mark, un viudo de cuarenta años, tenía dos hijas, de once y trece años, que lo animaron a salir, pues tenían plena confianza en la solidez de su vínculo. Querían que su padre fuera feliz y estaban entusiasmadas por conocer a su nueva amiga, Judith. Esta, al sentirse aceptada en la familia, estaba encantada con su relación con las hijas de su pareja. Un día las llevó a una feria de artesanía, donde hicieron máscaras juntas, algo que nunca habían hecho. Su padre también pasaba momentos especiales con sus hijas sin Judith. Ellas nunca tuvieron celos y mejoró la vida de todos.

Algunos padres o madres solteros me han dicho que prefieren permanecer así hasta que sus hijos crezcan. Una mujer me confesó que pensaba que era injusto para sus hijos introducir una persona nueva en sus vidas. Pero la justicia no significa tener que elegir entre una cosa u otra. Lo que importa es nuestra habilidad para elegir bien, para encontrar el equilibrio entre ser buenos amantes y buenos padres o madres. Una buena amiga mía, madre soltera de tres niños pequeños, conoció a un hombre maravilloso y se casó con él, y acabó convirtiéndose en la figura paterna tan ansiada por sus hijos. Fue un momento muy tierno cuando el más pequeño se acercó a él y le preguntó: «¿Puedo llamarte papá?». Una vez más, este caso amplió el círculo para todos. Y esto es lo más importante. Si nos unimos a una persona que nos ayuda, nos ama y se hace amiga de nuestros hijos e hijas, la vida se enriquece y se vuelve más fácil. Si elegimos a alguien que trastoca los lazos familiares y absorbe energía, pero no la repone, la vida puede ser mucho más difícil.

> *Vuestros hijos no son vuestros.*
> *Son los hijos y las hijas del anhelo de la Vida por sí misma*
> *Llegan a través de vosotros, pero no os pertenecen.*
>
> **KHALIL GIBRAN,** *El profeta*

25 OBSERVACIONES SOBRE SALIR CON PERSONAS DEL MISMO SEXO: SIN REGLAS

Yo, tú, él, ella, nosotros.
En el jardín de los amantes místicos
estas diferencias no existen.

RUMÍ, *Say I am You* [Di yo soy tú]

En el budismo, el compromiso y el afecto son lo más
importante en las relaciones. Nuestro camino no es
juzgar, sino darnos cuenta de si nuestras acciones
nos dañan a nosotros mismos o a los demás.
Esto se aplica a todo el mundo por igual: gais,
lesbianas y heterosexuales. Todos somos personas
sagradas que están en el camino del despertar.

ROWAN CONRAD, maestro de meditación budista

El maravilloso aspecto de las relaciones entre personas del mismo sexo es la libertad para explorar nuevos territorios, más allá de las lindes de los estereotipos de los roles de género y de las diferencias de poder inherentes por ser hombre o mujer que marca nuestra cultura. Puesto que en las citas con personas del mismo sexo se rompen los estereotipos de hombre-mujer (y espero que suceda lo mismo en las citas entre heterosexuales), no hay normas que nos limiten respecto a ser receptivos o a dar, asertivos o pasivos, o que siempre pague el mismo. Somos dos personas con libertad para relacionarse como sujetos que se preguntan: «¿Quién es esta persona?», «¿Qué le gusta hacer?», «¿Qué la hace feliz?».

Paradójicamente, como mujer bisexual, he conseguido entender mejor a los hombres a través de mis relaciones con mujeres. Estas me han obligado a explorar todos los roles que adjudicamos a los hombres. Porque en una relación lésbica no hay un hombre que dirija, he tenido que compartir la responsabilidad de sacarla adelante y sentir la incomodidad de tender la mano sin saber si iba a ser rechazada. He comprendido mejor por qué los hombres ocultan sus miedos haciéndose los duros: no es fácil interpretar el papel de iniciador y arriesgarse una y otra vez a que la otra persona te diga «no».

Cuando leo alguno de los numerosos libros sobre citas, ninguno de los cuales hace referencia a las personas del colectivo LGTBI, me divierto imaginando escenas entre gais o lesbianas intentando seguir las reglas culturales. Por ejemplo, si dos gais observaran la regla de «no seas la primera en iniciar la conversación con un hombre», ¿qué se esperaría que hicieran? ¿Hacerse gestos o guiñarse el ojo? Si las lesbianas aceptaran la teoría de que las mujeres solo deben mostrarse «receptivas», ¿qué pasaría?

¿Estarían dando vueltas esperando a que apareciera alguien más que fuera el dador?

El problema de ser gay, lesbiana o bisexual que tiene un profundo efecto en la relación (y en vivir y sentirse viva) es la homofobia subyacente de nuestra cultura y tener que vivir en un mundo tan reacio a los gais y a las lesbianas, que no concede igualdad de derechos y de protección jurídica en la mayoría de los lugares. La homofobia refleja el miedo *irracional* a la homosexualidad. La opresión interiorizada hace que adoptemos un estereotipo negativo respecto a nosotros mismos, que nos lo creamos y que lo utilicemos en nuestra contra. Si tu padre o madre te llama tonto una y otra vez, al final, acabas creyéndotelo y actúas como si lo fueras. Con la homofobia, a veces, se adoptan estereotipos de ser raras o raros, tener defectos, sentirse avergonzados y equivocados, y los dirigen contra sí mismos. El paso siguiente de la opresión interiorizada es dirigir nuestros sentimientos negativos hacia otra persona que sea como nosotros. Si yo soy mala por ser lesbiana, tú también lo eres. Es evidente que esto causa estragos en cualquier relación sentimental. Por este motivo, las relaciones entre gais y lesbianas tienen el potencial de ser más fluidas y amorosas cuando aceptamos nuestra identidad sexual y recibimos la aprobación de la familia y los amigos.

En un aspecto pragmático, si mantenemos oculta nuestra identidad, no nos será fácil conocer a personas afines. Pasaremos mucho tiempo sintiéndonos incómodos, nos preguntaremos cuándo o si hemos de sacar el tema a colación si sospechamos que alguien es gay o lesbiana. En un aspecto más profundo, estar «en el armario» es completamente contrario al camino espiritual, porque supone una negación absoluta de quiénes somos y porque implica que automáticamente estamos en una red de secretismo en el trabajo, en la familia y con nuestras amistades. Nos referimos a nuestra amante como nuestra compañera de piso, nos encontramos en la calle después de trabajar para que no nos vean nuestros compañeros de trabajo. No nos tocamos en el cine o vamos juntas a la fiesta de nuestra empresa y los días festivos con la familia, en el mejor de los casos, son superficiales. Siempre nos estamos reprimiendo, lo cual hará que vayamos construyendo una armadura alrededor de nuestro corazón.

Cuando las personas no forman parte de nuestra red de apoyo social, el aislamiento que eso genera desgasta la relación. Todas las parejas necesitan reforzar su vínculo y ser amigas de otras parejas. Permanecer «en el armario» hace que siempre estemos pendientes de nuestra identidad como gay o lesbiana. Por otra parte, si estamos con otras personas que han aceptado su orientación sexual o pertenccemos a una comunidad espiritual que nos apoya, y hay muchas, seremos simplemente Judy, Andrew, Michael, Yolanda, Martha o Ruth. No estaremos obsesionados por ser lesbianas o gais; somos amigos, pertenecemos a una comunidad, charlamos, conocemos a otras personas, compartimos nuestras experiencias.

Para tener una relación positiva, déjate ver lo máximo posible con amigos gais o lesbianas y con heterosexuales.

Por supuesto, para revelar nuestra identidad sexual hay que buscar el momento adecuado, porque habrá situaciones en las que o será irrelevante o incluso puede resultar autodestructivo. Por otra parte, cuando ocultamos nuestra identidad, no solo estamos aislados, sino que nuestra homofobia interiorizada se arraiga y se desarrolla más. Si volvemos al tema inicial de la diferenciación, «salir del armario» forma parte de ese proceso, de separarnos de los prejuicios de los demás.

No podemos cambiar quiénes somos: nuestra naturaleza básica, nuestro temperamento y nuestras pasiones. Solo podemos ser más auténticos respecto a cómo nos creó Dios o el Espíritu. Esto es para todos: heterosexuales, gais y todo el colectivo LGTBI. Cuanto más auténticos seamos con nosotros mismos, más viviremos desde nuestra esencia, más profundo será el lazo que creemos en nuestras relaciones. Y todo amor es amor de Dios. Es así de simple.

No hace mucho, asistí a un taller sobre «salir del armario» dirigido por Chastity Bono. Logró la participación de los asistentes a través de una serie de preguntas: «¿Cuándo saliste del armario?», «¿Qué sucedió?», «¿Qué respuesta obtuviste?», «¿Lo lamentas?». Aunque los asistentes compartieron muchas experiencias sobre las reacciones de sorpresa y de dolor emocional por parte de su familia, *nadie*, repito, *nadie* dijo que le gustaría volver al armario.

La mayoría seguimos en el armario por una razón u otra, albergamos secretos que todavía no hemos revelado. Este libro es para salir del armario y revelar nuestros temores, heridas, vergüenza, sufrimiento, alegría, talento y pasión. Salir del armario no es algo que se haga solo una vez: el camino espiritual se basa en revelarnos todos los días. Es autoconocimiento, apertura, aceptación y amor. Se basa en ver el espíritu y la bondad en todo el mundo.

26 CUANDO UN BUDA HACE EL AMOR: SEXUALIDAD Y ESPIRITUALIDAD

No hay nada como hacer el amor con el
amado. Nada como un corazón sin fronteras
para hacernos ágiles y sin límites.

STEPHEN Y ONDREA LEVINE, *En brazos del amado:*
las relaciones amorosas como camino de sanación

E l primer paso para hacer el amor es que las dos personas se sientan mutuamente atraídas sexual y emocionalmente. Esto puede parecer una obviedad, pero por raro que parezca mucha gente niega su falta de atracción sexual porque prefiere la comodidad, seguridad y compañía que le aporta una relación.

Según Stephen Wolinsky: «Si puntúas tu atracción sexual en una escala del uno al diez, cuando diez es "no podéis dejar de tocaros", cinco es "puedes seguir con la relación o dejarla" y uno equivale a "repulsión"», para mantener una buena relación con chispa la puntuación debe ser de al menos siete, preferiblemente ocho, nueve o diez. Si te lo propones, puedes aumentar la intensidad un punto, pero dado que hay tanta bioquímica en juego en la atracción sexual, no es fácil conseguir mucho más. Si la atracción sexual no evoluciona, recuerda que nadie tiene la culpa; simplemente, vuestra unión es *lo que es*, y puede que seáis mejores amigos que amantes.

La atracción sexual no tiene por qué producirse en la primera cita, pero ha de florecer porque es el pegamento que nos mantiene unidos en una buena relación conyugal. Si no tenemos ganas de sexo con nuestra pareja, se convertirá en una relación de represión o dominancia, soledad, aventuras extraconyugales y muchas fantasías.

No importa lo joven o viejo, exuberante o normalito, experimentado o no experimentado que seas, iniciar una relación sexual con una nueva pareja es pisar territorio desconocido: «¿Le tomo la mano? ¿Dejo que se alargue mi mirada? ¿Cuándo nos damos el primer beso? ¿Cómo nos besamos? ¿Qué decimos?». Está la frescura y la novedad de *este* cuerpo, *estos* besos, *estas* caricias, *este* olor. La unión sexual puede ser una danza exquisita de sintonización mutua, de intercambiar señales y de autorrevelación.

La intimidad sexual implica trascender los estereotipos de los roles sexuales y aceptar todas las condiciones humanas. Cuando los dos damos *y* recibimos, somos salvajes *y* tiernos, juguetones *y* pasivos, hay muchas más variaciones en la danza. Nos conocemos en la riqueza de nuestra humanidad, no como caricaturas de hombre o mujer. En el aspecto espiritual, no existe hombre o mujer, sino dos personas que fluyen desde la esencia, que se abrazan desde sus cuerpos físicos.

El poder del Amor llegó a mí
y me volví feroz como un león,
y luego tierno como una estrella.

RUMÍ, *Like This, 43 Odes* [De este modo, 43 odas]

Las actitudes espirituales y culturales respecto a la sexualidad son muy complejas. El celibato suele ser una opción en el camino hacia Dios. No obstante, si resulta muy forzado, es un apego más y aunque pueda formar parte de nuestro camino espiritual, también puede negar una poderosa forma de conexión biológica y emocional.

Eso a lo que llamamos pasión ha de ser entendido
no reprimido o sublimado [...] Amar es estar en
comunión directa [...] ¿Cómo puedes amar y
comprender la pasión si has hecho un voto en contra
de ella? Un voto es una forma de resistencia, y
aquello a lo que te resistes acaba conquistándote.

KRISHNAMURTI, *El libro de la vida*

No hay razón para que algo tan potente, natural y humano como el amor sexual sea excluido del círculo de la espiritualidad. Ni tampoco hay razón para que el celibato se deba considerar como un estado espiritual «superior» al de dos personas que sienten una fusión de sus almas cuando se hacen mutuamente el amor encarnando al Amado.

Con esto no quiero decir que todo contacto sexual esté en armonía con la espiritualidad. Por desgracia, muchas personas se obsesionan con el sexo y lo utilizan en un intento desesperado para crear un vínculo que no son capaces de sentir emocionalmente. Confunden el sexo con el amor, el poder y el control. Se convierte en una fuente de alienación y nos aleja de la conexión que tanto deseamos. El camino espiritual es la búsqueda del equilibrio y de la aceptación de todos nuestros aspectos, incluido el de nuestra sexualidad.

Es importante que las personas que inician una relación exploren el *significado* de la sexualidad y de hacer el amor. Una forma de abordar este tema es volver a la pregunta: «¿Me está guiando mi ego o mi espíritu?».

En el plano espiritual, hacer el amor nos ayuda a expresarnos y a crear un lazo de afecto. Es la experiencia de compartir nuestro corazón, que florece a la par que la sinceridad, el amor y el compromiso. Surge del conocimiento mutuo profundo y del deseo de fundirnos en el corazón y el cuerpo de nuestro amado o amada. No se puede aprender en un manual o un libro de instrucciones, porque refleja de una forma exclusiva todo lo que somos. Si nuestro corazón y nuestro cuerpo están blindados, tal vez necesitemos ayuda profesional, meditación y trabajo corporal para ir rompiendo las murallas físicas y emocionales que hemos creado. De lo contrario, no estaremos en nuestro cuerpo cuando tengamos relaciones sexuales y habrá poco intercambio de energía. Cuando en el sexo no fluye la energía libremente, se vuelve vacío y puede causarnos repulsión.

Cuando no encontramos sentido a la vida, buscamos estímulos en su lugar.

Mucho se ha escrito sobre cómo tener orgasmos más intensos. Aunque no tiene nada de malo desear orgasmos más intensos, si nos enfocamos en ellos porque no hay ningún otro vínculo en la relación, el orgasmo nunca nos satisfará, por intenso y salvaje que sea. Es como usar pornografía, pósteres o fantasías con otros hombres o mujeres para excitarnos. La necesidad de intensidad superficial irá en aumento porque el acto sexual carecerá de sentido o de verdadera conexión.

Aun así, muchos, la mayoría me atrevería a decir, hemos sucumbido al furor hormonal o nos hemos enamorado perdidamente y nos hemos olvidado del sentido común. Aunque esto nos conduzca a un mundo ilusorio en el que creemos que nuestra pareja es la responsable de nuestra felicidad, también puede haber magia en estos encuentros. Nos embriagamos de amor (embriaguez que se produce por las hormonas del cerebro que nos provocan un subidón parecido al que ocasionan las anfetaminas), se caen nuestros escudos y por un momento rozamos la experiencia de unión divina con la otra persona. Nos ayuda a saborear lo que podemos experimentar en una relación sincera y estable. Con el paso de los años y la experiencia, nos entregamos de un modo distinto, nos sumergimos en la profunda y duradera corriente que fluye bajo la superficie alocada del río. Deseamos algo apasionado y duradero, algo que se base en la realidad.

Cuando he preguntado a la gente qué fue lo que les abrió el camino hacia una sexualidad fluida, la palabra que más se repitió fue *confianza*: confianza en uno mismo y en la pareja. Confiar en nosotros mismos significa saber que expresaremos nuestros deseos, definiremos lo que queremos y tendremos la suficiente fuerza de voluntad para abandonar una situación que no nos conviene. Confiamos en que nuestra pareja se preocupe, responda, no nos juzgue, esté dispuesta a hablar y, sobre todo, nos respete tanto si decimos sí como si decimos no. El amor sexual que combina cuerpo, mente y corazón nos ayuda a crear y a recrear nuestra conexión, a explorar, a abrirnos y a liberar nuestro cuerpo para que haga lo que quiere hacer.

Ser naturales y libres respecto a la sexualidad es un proceso de desarrollo de la experiencia y de la experimentación. David Schnarch, autor de *The Sexual Crucible* [El crisol sexual], comentó en uno de sus talleres que muchas parejas limitan su experiencia sexual con el acuerdo tácito: «No haré nada que te haga sentirte incómoda si tú no haces nada que me haga sentirme incómodo, y solo haremos el resto».

Como he dicho antes, es importante recordar que casi todo nuevo aprendizaje y experimentación van acompañados de ansiedad o malestar. La mayoría recordaremos que la primera vez que oímos hablar del beso francés, del sexo oral y otros, pensamos «¡puaj!». Pero cuando nuestro corazón y nuestras hormonas empezaron a conectarse, bueno, la experiencia fue bastante distinta de lo que habíamos pensado. Hemos de romper nuestras barreras repetidamente para poder relajarnos haciendo el amor. Nuestro deseo de expandirnos, crecer, experimentar y asumir riesgos aporta vitalidad a nuestras experiencias diarias, así como a nuestra relación sexual.

He entrevistado a muchas parejas que al principio solo sentían atracción sexual, pero que fueron desarrollando un vínculo duradero. No obstante, para la mayoría de las personas, lo mejor es conectar primero psicológica y espiritualmente, y luego pasar al sexo conscientemente. Puesto que el sexo genera un poderoso subidón de epinefrina, es sumamente fácil quedarte atrapada en los sentimientos biológicos y perder la perspectiva de la relación.

Mientras algunas personas arguyen que la sexualidad premeditada mata la espontaneidad, hemos de recordar que la preocupación, la ansiedad y el miedo a contraer el sida o alguna enfermedad venérea o a un embarazo no deseado es lo que realmente mata la espontaneidad. Por otra parte, sin compromiso, la ansiedad que nos provoca pensar «¿estará todavía aquí mañana?» suele susurrarnos incansablemente al oído. Y ese tipo de ansiedad no es buena para hacer bien el amor.

El momento para pasar al sexo es en gran medida interno, es decir, se trata de una decisión de la mente, del corazón y de las hormonas. Ambos miembros de la pareja han de sentirse preparados, confiados y capaces de mirarse a los ojos mientras hacen el amor (sin tomar alcohol u otras sustancias).

Estas son algunas de las preguntas que se deben tener en cuenta antes de mantener relaciones sexuales con una pareja:

1. ¿Habéis hablado de las enfermedades venéreas, del sida, del control de la natalidad?
2. ¿Habéis tenido algunas conversaciones sobre lo que está pasando entre vosotros, cómo os va, qué sentís y de qué tenéis miedo?
3. ¿Habéis gestionado algún conflicto y reconocido vuestras diferencias?
4. ¿Está equilibrado dar, recibir e iniciar planes?
5. ¿Podéis miraros a los ojos cuando habláis de temas difíciles?
6. ¿Habéis revelado ambos algunas de vuestras vulnerabilidades y os habéis sentido respetados y aceptados?
7. ¿Os sentís libres los dos para manifestar vuestras preferencias o aceptar que vuestra pareja diga «sí», «no», «un poco más», «un poco menos» o «ahora no, quizás un poco más tarde»?
8. ¿Os sentís cómodos tocándoos e intercambiando abrazos espontáneos y otras expresiones de afecto físico durante el día?
9. ¿Tenéis algún tipo de compromiso verbal?

La primera relación sexual con una nueva pareja puede ser salvaje, apasionada, irrelevante o frustrante. Como las fases de la luna, la cresta y el valle de la ola, nuestra pasión y nuestra sexualidad tienen un ritmo que evoluciona con el tiempo. Hay veces que nos abrimos un momento y nos permitimos sentir el deseo, pero entonces nos invaden los viejos recuerdos y volvemos a ponernos el caparazón. Si existe una atracción inicial, esta se puede avivar de nuevo a medida que vamos sanando las antiguas heridas y se disuelven las historias que se interponían en nuestro camino.

Lo que experimentamos sexualmente refleja parte de nuestro yo búdico, porque la naturaleza búdica abarca todo tipo de experiencias. Somos un Buda besando con todo nuestro corazón, un Buda dando placer a nuestra pareja con absoluta felicidad, un Buda siendo insensible, un Buda teniendo miedo, un Buda disfrutando de un orgasmo y un Buda sintiendo la unión. Todo son experiencias y contienen todo el potencial para el despertar.

27 CÓMO ENCONTRARTE CUANDO TE HAS PERDIDO: REFÚGIATE EN EL BUDA

La única dicha real en la Tierra es huir de la prisión de nuestro falso yo, y mediante el amor, fusionarnos con la Vida que mora tanto en la esencia de toda criatura como en el centro de nuestra propia alma.

THOMAS MERTON,
Nuevas semillas de contemplación

Cuando nos perdemos es como si hubiéramos caído en la prisión de nuestro falso yo. Desde entregar demasiado dinero, tiempo y energía hasta preocuparnos, desde desentendernos de nuestras amistades, preguntar machaconamente a nuestra pareja «¿estás bien?» o comprar muchos regalos para complacerla hasta fingir comprensión, todo esto son formas de desviarnos del camino de la verdad y ponernos el disfraz de nuestro falso yo: afable, guay, encantador, enigmático, exitoso, alegre, competente...

Descolgamos y colgamos el teléfono seis veces, siendo conscientes de que no deberíamos volver a llamar. Entonces perdemos el control, marcamos y nos quedamos mudos cuando responde. Intentamos conversar y ser agradables porque estamos demasiado abochornados para decirle: «Tengo miedo de que me abandones». Se nos encoge el estómago: «¿Volverá con su antiguo novio?». Nuestro mundo se reduce: «He de conservar a este hombre, he de jugar bien mis cartas». Entramos en pánico. De pronto, nos asusta nuestro pasado, nos preocupa el futuro y nos desconectamos por completo del presente.

Lo que está pasando aquí es que nos estamos desviando del camino y nos estamos dejando llevar por nuestras falsas creencias esenciales que nos dicen: «Estoy sola/o, soy incompetente, despreciable, inadecuada/o», etcétera. Para huir de estos sentimientos dolorosos solemos hacer cosas que sabemos que no son adecuadas. Si te entra ansiedad o un ataque de pánico, es el momento de sentarte debajo del árbol Bo* para conectar con tu naturaleza búdica y darte cuenta de que tus exigencias respaldadas por tus emociones han ensuciado la joya de tu yo perfecto. Hay muchas lecciones que aprender cuando llegamos a estos extremos. A continuación tienes la conversación que mantuvo Julia con su yo búdico, cuando empezó a sentirse mal en su relación con Tony:

—Me preocupa mucho perder a este hombre —dice Julia mientras está sentada consigo misma bajo el árbol Bo—. Es lo mejor que he encontrado en años.

---

* N. de la T.: El árbol Bo o el árbol de Bodhi fue la higuera bajo la cual el Buda alcanzó la iluminación.

—¿Has observado la belleza de las hojas del árbol? —le pregunta el Buda.

—¡Buda! ¿Qué caray tiene esto que ver con lo que estoy diciendo? Estoy disgustada. Necesito ayuda.

—¿Ayuda para qué? —responde el Buda.

—Para sentirme mejor.

—¿Qué te parece empezar por estar justamente donde estás ahora?

—¡Por el amor de Dios! ¿Por qué iba a querer sentirme de este modo?

—Porque es un aspecto de ti, una parte que necesita compasión.

—Pero qué pasa con Tony, ¿qué tengo que hacer?

—Has de enfrentarte cara a cara con la realidad de tu yo. Hay un gran vacío que estás intentando llenar con este hombre. Te estás aferrando a esta relación para sentirte segura, pero la seguridad se consigue abandonando el control sobre todas las cosas y permitiéndote sentir tu miedo. Estás intentando crear una base sólida bajo tus pies para no tener que experimentar la soledad, pero si dejas ir, descubrirás que el vacío que temes es en realidad un lugar silencioso y tranquilo.

—Pero ¿qué hago con esta ansiedad?

—Nada. Siéntate en silencio, siente tu respiración. Entonces, hazte la pregunta verdaderamente importante: ¿por qué tienes tanto miedo de que alguien te deje o de estar sola? Sé más sincera. Es tu único refugio.

La máxima «refúgiate en el Buda» significa que te refugias en tu propia verdadera y perfecta naturaleza búdica. Nuestro refugio es estar justamente donde estamos, sin dramatizar nuestros problemas rebobinándolos constantemente en nuestra cabeza, sin contárselos a nuestros amigos, sin buscar la solidaridad y convenciéndonos de que es algo muy grave. Nuestro refugio está en la serenidad de ser el testigo compasivo de nuestro pánico y nuestro miedo, sin juzgar si es bueno o malo, tan solo aceptando *la realidad* del momento.

«Tengo ansiedad. Hum, es interesante. ¿De qué va esto? ¿Qué me estoy contando? ¿Qué aspecto tiene, cómo me siento?». Respira. Siente tu cuerpo. ¿Tiene color, sonido, textura o forma la ansiedad? ¿Dónde está? Vuelve a respirar, permanece con ella. Es energía, como una nube, humo, fuego, agua. Todos tus sentimientos, pensamientos y ansiedad no son más que energía. Permanece con ellos. Practica el *tonglen* (ver el capítulo treinta y uno). Inhala tu frustración, exhala claridad y luz hacia tu amigo y hacia todas las personas que se sienten frustradas en sus relaciones.

Si nos refugiamos en nuestra naturaleza búdica, nos estamos sonriendo y recordamos que ahora somos adultos. La gente siempre va y viene. Una nueva relación puede que funcione o no, pero nosotros podemos seguir en nuestro camino espiritual (estando abiertos, siendo naturales y sinceros) y ver qué pasa. Si nos damos cuenta de que nuestro ego está creando culebrones para acallar los profundos dilemas de la existencia, mejor relajarnos, estar en silencio, prestar atención a nuestra respiración y observar nuestro melodrama desde la distancia. A medida que se desvanezcan nuestros miedos, iremos saliendo de nuestro caparazón y volveremos a ver los árboles, nos deleitaremos con el olor de la ropa recién lavada o con los niños jugando y recordaremos nuevamente que formamos parte de todo esto.

Para refugiarnos en nuestra naturaleza búdica, nos sacaremos las máscaras, nos miraremos al espejo y aceptaremos el paquete de imperfecciones, miedos y defectos. También recordaremos que nuestro nuevo amigo o amiga es un paquete completo (imperfecto y bello) que no es más capaz de curarnos las heridas y llenar nuestro vacío que las máscaras que hemos colgado en la pared.

28 OBSERVA EL EQUILIBRIO ENTRE DAR Y RECIBIR

Los árboles de tu huerto [...] dan para
poder vivir, pues retener es perecer.

KHALIL GIBRAN, *El profeta*

Dar y recibir nos ayuda a entrar en el río del espíritu que nos conecta unos con otros. Dar a los demás es sentir la dicha de la creación surgiendo de nosotros. Recibir es ser humildes, desapegarnos de nuestro ego y dejar que la otra persona penetre en nuestro territorio. Le hacemos saber que nos importa, que nos afecta. Nuestro corazón receptivo se convierte en un regalo para el dador. Cuando el amor llega a nuestro corazón, puede que se nos salten las lágrimas, porque el amor saca a la luz todo lo que había estado enterrado.

La generosidad dice mucho respecto al desarrollo emocional y espiritual de una persona. Cuando nos cuesta dar, o nos parece que nos estamos arrancando una parte de nuestro yo, es porque todavía seguimos aferrados a nuestros apegos o historias que hemos creado respecto a la escasez. Si te sientes identificada o identificado con esta situación, reconcíliate con esa parte de ti que está resentida o tiene dificultad para dar.

No podemos forzarnos a dar cuando no estamos preparados. Ken Keyes, autor del libro *Hacia la expansión de la conciencia*, dio un sabio consejo cuando dijo: «No ofrezcas nada que no te puedas permitir». Si quieres explorar esta idea, examina tu motivación con el corazón en buena sintonía. Si estás llevando la cuenta de algo, albergas resentimiento, das para agradar, seducir, atraer o impresionar a alguien, o haces que esa persona esté en deuda contigo para que luego se sienta culpable, no lo hagas. Eso no es dar, eso es una treta del ego.

Dar de verdad revela tener el corazón abierto, pleno y pletórico. Esta sensación de abundancia se producirá espontáneamente, a medida que te vayas desprendiendo de las capas de tu falso yo y vivas desde tu esencia. La compasión y la bondad también fluirán por sí mismas. Cuanto más te adentres en tu viaje espiritual, más dejarás de aferrarte a las cosas y de blindar tu corazón.

Me atrevo a decir que la generosidad del corazón no se mide por el número de regalos o el precio de un ramo de flores. Es la generosidad de nuestros ojos, nuestra capacidad de escuchar, nuestros besos, nuestra consideración... y los recuerdos que despertamos en nuestro ser amado.

La razón de ser conscientes del flujo de dar y recibir es percatarnos del equilibrio existente en una nueva relación. Aunque con el tiempo el dar y el recibir fluctúan en la relación, al principio, si queremos encontrar un igual espiritual, la energía debe fluir en ambas direcciones. Puedes favorecer el equilibrio frenándote un poco si eres quien más da. Si la otra persona da un paso hacia delante, ese flujo encontrará su equilibrio. Si no lo hace, bueno, es algo que se debe tener en cuenta. Si empiezas a sentir que te cuesta no dar, entonces tal vez sea el momento de expresar tu preocupación. Si continúa el desequilibrio, tendrás que aceptar la realidad de tu relación y decidir si es buena para ti.

Al final, una vez hemos atravesado el umbral del amor, el dar y el recibir se convierten en un flujo continuo en el interior del corazón compartido, como si fuera la inspiración y espiración de la respiración. Diferente, pero no diferente. Lo mismo, pero no lo mismo.

Cuarta parte

NO TE DESVÍES DE TU CAMINO

Permanece despierto y consciente

29

HAZTE AMIGO DE TUS MIEDOS

Cuando no tienes miedo, eres amor.

SRI NISARGADATTA MAHARAJ, Yo soy eso

A menudo se ha dicho que existen dos emociones básicas: el miedo y el amor. Cuando amamos no tenemos miedo y cuando tenemos miedo somos incapaces de amar. Para la mayoría de las personas, estos momentos son pasajeros, como los pensamientos y las olas: miedo y amor, amor y miedo. Desde la perspectiva budista, si no podemos amar, vivimos en la confusión o atrapados en una ilusión.

Es posible tener miedo de que alguien *no* nos ame y también es posible tener miedo de que *nos ame*. Si *no* quiere estar con nosotros, nos da miedo afrontar la soledad y sentirnos imperfectos. Si *nos quiere*, tememos no estar a la altura, que acabe dejándonos o que terminemos aburriéndonos. Si estamos desconectados de nuestro centro, es fácil que nos dé miedo casi todo.

El miedo nos indica que hemos chocado contra nuestra falsa esencia y que nos hemos olvidado de nuestra esencia luminosa interior. Si nos replanteamos la cadena de suposiciones que asociamos a situaciones que nos asustan, es probable que podamos rebajar la intensidad de nuestros temores. Yo lo llamo el ejercicio del «¿Entonces, qué?». Podría parecerse a esto:

—Tengo miedo de involucrarme, porque podrían abandonarme.

—¿Entonces, qué (si te abandonan)?

—Bueno, pues que me quedaría sola.

—¿Entonces, qué?

—Me sentiría sola.

—¿Entonces, qué?

—Gritaría, lloraría y me volvería loca.

—¿Entonces, qué?

—Probablemente, me cansaría y me iría a dormir.

—¿Entonces, qué?

Al leer esto, ¿puedes sentir que la intensidad disminuye? Con frecuencia, la mente se queda en blanco o todo empieza a hacernos gracia porque vemos nuestros pensamientos melodramáticos como algo distinto de nuestra verdadera esencia.

Otra forma de afrontar el miedo es plantearnos la pregunta que he mencionado antes: sin memoria, mente o asociaciones, ¿qué podemos temer? De nuevo, nuestra mente suele quedarse en blanco porque sin memoria, mente o asociaciones, no reaccionamos con intensidad a nada. Todo se convierte en energía.

En un plano más terrenal, hemos de reconocer que el miedo tiene sus raíces en las antiguas y familiares historias que hemos creado para protegernos. Pero ¿qué es realmente lo que tememos? Como adultos nadie puede «abandonarnos», a menos que nos estemos cayendo por un acantilado y nuestro compañero no nos eche un cabo. Los demás se quedarán o se marcharán, como nosotros queramos. *La única persona que puede rechazarnos somos nosotros mismos.*

Normalmente, tenemos un miedo atroz a perder a alguien, y está relacionado con una serie de pérdidas no resueltas que hemos sufrido en el pasado. Tenemos miedo de empezar a llorar y no ser capaces de parar. Pero para encontrar nuestro corazón hemos de dar con este reservorio de dolor. Podemos usar la técnica del «¿Entonces, qué?» para indagar sobre nuestro temor a la tristeza. A veces, empieza como: «Lloraré durante dos días, nunca dejaré de llorar», y luego cambia a: «Se me pondrá roja la nariz, tendré hambre, tendré que ir al baño y probablemente me canse de llorar». Si seguimos cada pensamiento de miedo hasta su conclusión lógica, nos daremos cuenta de que la mayoría pierden intensidad y fuerza. Suelen tener su origen en alguna historia que creamos hace mucho, un relato que normalmente ya no tiene sentido como adultos.

Algunos hemos sido condicionados a no reconocer el miedo. Aquí tienes una breve lista de conductas que solemos adoptar para encubrir el miedo:

1. Culpar, atacar, estar a la defensiva.
2. Charlar, estar ocupados, estar inquietos.
3. Aburrimiento, ansiedad, somnolencia.
4. Meterse con los demás, ser críticos.
5. Poner excusas.
6. Adoptar conductas adictivas o compulsivas.
7. Ponernos algún tipo de máscara.

Otra forma de explorar el miedo es mediante los siguientes continuos. Si en algún momento dado sintonizas estas variables y observas dónde estás, te harás una idea del miedo tienes:

Amor — — — — — — — — — — — — — — — Miedo
Conectada/o — — — — — — — Desconectada/o
Sincera/o — — — — — — — — — — — — — — —Falsa/o
Consciente — — — — — — — — — — Inconsciente

Hay una ratio del miedo-a-la-excitación que para la mayoría de las personas cambia a medida que adquieren experiencia en superar sus límites. En general, la primera vez que nos embarcamos en una aventura nueva, el grado de miedo es alto y el de excitación bajo. Pero a medida que vamos repitiendo la experiencia de asumir riesgos y de gozar superando nuestros horizontes, vamos afrontando la aventura con un grado más alto de excitación y más bajo de miedo. Para la mayoría, el primer día de clase, el primer recital de piano, la primera vez que montamos en bici, la primera cita y el primer beso fueron experiencias temibles. Pero a pesar de todo hicimos esas cosas y normalmente, con la práctica, nos fueron pareciendo más fáciles.

El viaje espiritual *es* el camino del miedo al amor. Cuando ya no tememos ser nosotros mismos, abandonamos las conductas compulsivas y las excusas, y espontáneamente nos volvemos más valientes y más capaces de amar porque ya no llevamos las máscaras del miedo. No creamos amor; simplemente nos desprendemos de nuestro falso yo y sentimos el amor que siempre ha estado brillando en nuestro interior.

30 HAZTE AMIGO DE TU AMBIVALENCIA

¿De dónde vengo y cómo he llegado aquí?
¿Adónde voy?
¿Cómo distinguiré el camino?

Esta vida es una respiración vacía.
Si puedo escuchar aunque solo sea una verdad clara,
seré afortunada.

LALLA, *Naked Song* [Canto desnudo]

La ambivalencia es como mantener una discusión interior que nos crea confusión: «Quiero un amante», «Tengo miedo de tener un amante», «Quiero tener a alguien de confianza», «Tengo miedo de tener a alguien de confianza». Si después de haberlo intentado no has encontrado pareja, puede que todavía no hayas escuchado tus mensajes internos que te están diciendo: «No lo merezco», «Tengo miedo de que vuelvan a hacerme daño», «No tengo nada que dar», «Mi carrera es mi prioridad», «Las relaciones son demasiado difíciles», etcétera.

La ambivalencia también encierra algunas claves respecto a lo que realmente deseas en una relación. Aquí tienes una de las formas de explorarla.

El ejemplo siguiente se basa en lo que escribió Julia (ya la has conocido antes, en el capítulo quince).

EJERCICIO PARA EXPLORAR LA AMBIVALENCIA

Paso 1. *Escribe todo lo que valoras de la vida de soltera/o.*

Ejemplo de Julia: «Puedo acostarme y levantarme cuando me apetece. Puedo leer antes de dormirme. Tengo mucha energía para hacer mi trabajo. Puedo controlar la comida que tengo en casa, así no caigo en la tentación. No hay discusiones o situaciones incómodas. Puedo estar sola cuando me apetece. Puedo tocar el piano cuando quiero. Nadie tiene celos de mis amigos».

Paso 2. *Escribe todos tus temores respecto a formar pareja con alguien.*

Ejemplo de Julia: «Tengo miedo de dar más de lo que debería, y luego volver a deprimirme. Tengo miedo de que se acabe el sexo. Tengo miedo de perder la atracción y el deseo. Tengo miedo de encontrarme con alguien que reste más que sume y de quedarme sin nada. Tengo miedo de que mi pareja tenga celos profesionales. Tengo miedo de que no lleguemos a congeniar del todo, de que se sienta vacío y quiera dejarme. Tengo miedo de que me guste, pero que quiera dejarme».

Paso 3. *Escribe todas las razones por las que deseas una relación.*

Ejemplo de Julia: «Quiero crecer y expandirme, como te obliga a hacerlo una relación: que mi amor sea más grande e inclusivo. Quiero sentirme especial para alguien, tener compañía. Quiero estar conectada, aprender el sentido del amor, de la sexualidad y de la intimidad con otra persona. Me encanta planificar un fin de semana con mi pareja, hacer viajes, compartir nuevas experiencias y aventuras. Me encanta esa sonrisa de complicidad que se dibuja en nuestros labios cuando estamos sentados en la mesa y sabemos lo que está pensando el otro tan solo con mirarlo, que nos gusten nuestras conductas peculiares y que seamos capaces de reírnos de ellas. Tal vez funcione, tal vez no, pero aun así, me servirá para aprender y evolucionar. Es bonito tener pareja. Recibes más invitaciones. Puedes estar en grupos de parejas. Tienes a alguien con quien bailar y a quien besar».

Paso 4. *Vuelve atrás y lee los tres párrafos que has escrito.* ¿Cuál es tu reacción inmediata y sin censuras? ¿Hay alguna opción que te llama más la atención y que ves con mayor claridad o te sientes atraída/o en distintas direcciones?

Paso 5. *Utiliza tus preocupaciones, si las tienes, para que te ayuden a definir lo que quieres o que te indiquen cuándo has de estar más segura/o de ti misma/o.* Por ejemplo, Julia tiene la responsabilidad de trabajarse su miedo de dar más de lo que recibe. Es algo que puede controlar. Su miedo a convivir con un amante de la comida basura se puede resolver decidiendo que tiene que encontrar a alguien que aprecie los «hábitos de alimentación saludables».

A medida que vayamos examinando nuestra ambivalencia por partes y descubriendo todos sus matices, iremos conociéndonos mejor, definiéndonos con mayor claridad y con la libertad de fusionarnos en el corazón de otra persona.

31 | PRÁCTICA *TONGLEN*: UNA MEDITACIÓN CURATIVA Y QUE DESARROLLA LA COMPASIÓN

Desarrolla el buen corazón que anhela la felicidad duradera de los otros seres y que actúa para garantizar esa felicidad.

SOGYAL RINPOCHE, *El libro tibetano de los muertos*

No necesitas templos; no necesitas filosofías complicadas. Nuestra mente y nuestro corazón son nuestro templo...

DALÁI LAMA

La meditación *tonglen* nos ayuda a transformar nuestra ira, miedo, dolor y tristeza, y los de los demás. Nos ayuda a relajarnos en nuestro propio sufrimiento y a estar presentes en el de los demás.

En un encuentro de profesionales de la salud mental se produjo un ejemplo del espíritu del *tonglen.* Había mucha tensión, empezó una discusión y la hostilidad se hizo patente en la sala. Entonces, un participante que se llamaba Al se levantó y miró a todos los asistentes; con una sonrisa jocosa, dijo: «Es evidente que siento que aquí hay mucho amor». Todos se rieron y bajó la tensión. El *tonglen* funciona así: corta la tensión y aporta luz a las situaciones tensas.

El *tonglen* nos recomienda que inhalemos el sufrimiento, la negatividad y el dolor de los demás y que exhalemos calma, claridad y alegría. Cuando leí por primera vez sobre esta práctica en *El libro tibetano de la vida y de la muerte*, —«imagina que todo su [de la otra persona] sufrimiento se manifiesta de una vez y se convierte en una gran masa de humo caliente, negro y sucio»—, no me podía imaginar inhalando todo eso. Tenía miedo de que ese humo se me quedara dentro y me hiciera enfermar.

Posteriormente, cuando leí una descripción del *tonglen* en los libros de Pema Chödrön, ya no sentí tanta resistencia, y desde entonces, se ha convertido en una parte de mi práctica diaria. Ahora, veo esta práctica más como el comentario que hizo Al, como una forma de cortar la tensión y la ansiedad.

La práctica *tonglen* es lo contrario de muchas otras prácticas para gestionar el sufrimiento y el malestar, que aconsejan que inhales luz y amor y exhales tu ira, dolor o sufrimiento. Desde la perspectiva budista, exhalar ira, dolor y sufrimiento es como enviar toxinas al universo, algo poco recomendable y que provoca separación.

En lugar de apartar nuestra mente del dolor, nos fusionamos con él; ni nos apropiamos de él ni lo apartamos, nos transformamos en un instrumento de transformación. Hace poco, de camino al gimnasio, vi una cierva en medio de la calzada, que intentaba levantarse, pero era evidente que estaba coja. Se veía el miedo y la confusión en sus ojos. Al pasar por su lado inhalé su sufrimiento y exhalé una bendición. Pude sentir una nube oscura girando en mi interior, pero también vi la imagen de una cierva corriendo libremente por los bosques. Nunca sabré si la ayudé, pero algo se relajó en mi interior. En lugar de alejarme de su dolor, me uní a ella. En ese momento, me di más cuenta del poder de la práctica *tonglen*.

PREPARACIÓN PARA LA MEDITACIÓN *TONGLEN*

Aquí tienes tres posibles formas de prepararte para la práctica *tonglen*:

1. Elige un lugar tranquilo, libera tu mente, tus recuerdos y asociaciones, y siente la quietud que propicia este acto.
2. Inspira alrededor del área del corazón e imagina que se reblandece. Imagina el centro de tu corazón inundándose de luz, de espacio y de libertad.
3. Rememora algún recuerdo de alguien que era especialmente amable y cariñoso contigo, o de una situación en que hayas sentido que tu corazón estaba pletórico de amor.

A continuación tienes algunas formas de practicar el *tonglen*. Puedes elegir una o hacer una secuencia. Abarcan desde la concentración en ti hasta conectar con todas las personas. Si todas estas instrucciones te parecen demasiado complejas, elige solo una.

Cuando sufras, te falte claridad, estés sola o triste, inhala tu sufrimiento, siéntelo, permanece con él y exhala una imagen de claridad, luz y bendición. Esto bastará para cambiar tu vida.

TONGLEN PARA TI

Cuando estés sufriendo, te sientas frustrada/o, enfadada/o, etcétera, inhala esos sentimientos, deja que la energía gire a tu alrededor y envíate a ti y a tu sufrimiento atención, amor y bendiciones. Al inhalar puedes notar incluso el color, la textura, los bordes o la forma de tus sentimientos. Al exhalar, puedes imaginar un rayo de luz.

TONGLEN PARA TI Y PARA ALGÚN CONOCIDO

Al inspirar, siente tu dolor o frustración respecto a alguien. Al espirar envía amor, claridad y compasión a esa persona y a ti.

TONGLEN PARA OTRA PERSONA

Al inspirar, siente el dolor de algún conocido. Absórbelo y siéntelo en tu interior. Al espirar, envíale luz, calma y bendiciones. (Yo suelo hacerlo durante las sesiones de psicoterapia).

TONGLEN PARA TODO EL MUNDO

Al inspirar, siente tu sufrimiento y el de todas las personas que tienen frustraciones y conflictos similares. Al espirar, envíales luz y energía amorosa con bendiciones.

COMPARTE TU FELICIDAD CON TODO EL MUNDO

La próxima vez que estés alegre y disfrutes de tu paseo por el parque, escuchando los pájaros, música o estando en compañía de un buen amigo, inspira esa felicidad y envíala a toda la humanidad.

32 MEDITACIÓN *TONGLEN* PARA PAREJAS

Como psicoterapeuta, he empezado a usar la meditación *tonglen* con parejas. Mucha gente se pierde en las palabras y encuentra consuelo conectando con un silencio intencionado a través de la respiración. Esto también les permite acceder a un nivel de conciencia más profundo. Cualquiera puede hacerlo con su pareja o un amigo o amiga.

Sentaos uno frente al otro, relajaos y sincronizad vuestra respiración. Inspirad y espirad hasta que sintáis esa sincronización. Puede que instintivamente os apetezca cerrar los ojos, eso está bien, pero al cabo de un rato, un poco de contacto visual también ayuda. (Sintoniza con la presencia de la otra persona y mírala, pero sin hacerlo fijamente).

- Si uno de los dos tiene problemas, ambos podéis inhalar su miedo o sufrimiento y exhalar claridad y compasión.

- Si hay un conflicto entre ambos, ponedle nombre e inhaladlo, sentidlo plenamente y enviad una bendición a vuestra pareja y a la relación. (A veces nuestro ego se revela en contra de mandarle luz a alguien que nos ha hecho daño, por no hablar de mirar a esa persona a los ojos. Pero si eres capaz de anteponerte a tu ego e intentarlo, puede que te sorprendas. Aunque no sirva para solucionar el problema, se interpondrá entre vosotros y vuestros viejos patrones y os ayudará a relacionaros de otra manera).

- Si como pareja estáis buscando la solución a algún conflicto, dedicad algo de tiempo a bautizarlo; luego sincronizad de nuevo vuestras respiraciones. Inhalad la confusión y exhalad claridad y luz para la relación. (Podéis hacerlo diariamente cuando intentéis superar una situación o cuando tengáis que tomar una decisión importante).

- Otro paso es que la pareja imagine que inhala el sufrimiento de todas las parejas que tienen conflictos y que exhala una bendición. Esto tiene un efecto transformador para la mente porque nos transporta al ámbito de la «gran mente» o al corazón universal. En vez de sentiros atrapados en vuestros problemas, os sentiréis conectados con todas las personas que comparten las mismas dificultades, por el mero hecho de sentaros juntos a sentir *el* sufrimiento, *la* frustración y *la* tristeza inherentes a todas las relaciones humanas. Al cabo de un tiempo, ya no os sentiréis solos, los pequeños problemas diarios se desvincularán de vuestro ego y podréis afrontarlos con elegancia y alegría.

33 QUÉ HACER CUANDO QUIERES SALIR CORRIENDO

Si has estado esperando la llegada de un amante durante algún tiempo y has albergado con entusiasmo la posibilidad de conocer un compañero que quiera comprometerse, cuando por fin aparece el anhelado nuevo amor, puede ser muy frustrante si, en lugar de darle la bienvenida, sientes la necesidad de salir corriendo. Si escuchas la respuesta, tal vez oigas una voz llorosa que procede de tu interior: «Estaré comprometida/o, atrapada/o, asfixiada/o» o, tal vez: «No puedes amarme, no me lo merezco». Estas historias reflejan que hay una parte de ti que está herida y que necesita tu compasión y amor.

Cuando sientas el deseo de huir, tienes dos opciones: 1) culpar a la otra persona. Hablar con ella y exponerle que el problema está en ella. Abandonarla y repetir el patrón con otra persona, o 2) sentarte y sufrir el terror, hablar con tu naturaleza búdica, no moverte del sitio y respirar. Y decirte que puedes soportar el malestar. No es peligroso. Tu voluntad de explorar lo que se oculta tras tu deseo de huir puede liberarte para amar.

Para algunas personas, el reto consiste en recibir amor. Cuando Amy conoció a Ellie, sintió que había recibido una gran bendición. A medida que Ellie seguía dándole muestras de afecto y atenciones, Amy empezó a experimentar el dilema de querer alejarla de su vida y el deseo de seguir juntas. Se dio cuenta de que el problema era suyo y que lo alimentaba la creencia básica de «siempre me han abandonado», que tenía su origen en la muerte de su madre cuando ella tenía tan solo cinco años. Con la ayuda psicológica y trabajo corporal, consiguió empezar a reconciliarse con esta creencia y con las capas de sufrimiento que bloqueaban su corazón. Poco a poco, llegó a convencerse de que el amor no siempre implica que alguien te vaya a dejar. E incluso aunque así fuera, al ser adulta, podría superarlo. Al final, esto la ayudó a liberarse y pudo amar a Ellie.

Anne y Jerry mantenían el compromiso de su matrimonio, pero huían emocionalmente el uno del otro. Para los dos era su segundo matrimonio, y cada uno lidiaba con su propia experiencia traumática, ella con la de los abusos que sufrió de pequeña y él con el drama que vivió en la guerra de Vietnam. Cuando intentaban hablar de sus problemas, lo hacían en jerga terapéutica o eran desmesuradamente educados por temor a ofender al otro. Puesto que ambos deseaban realizar un viaje interior y enfrentarse a sus terrores, consiguieron superar las tremendas dificultades que se interponían en su camino.

En una sesión de terapia, les pedí que se pusieran de pie separados, mirándose cara a cara, a la distancia que les resultara cómoda. Se separaron unos dos metros. Les di una cuerda de tres metros y les pedí que la sostuvieran en sus manos, para simbolizar tanto la distancia que los separaba como el vínculo que los unía.

—Quiero que seáis totalmente sinceros el uno con el otro, cuando sea vuestro turno de hablar de vuestra relación. Si vuestra respuesta es dejar más cuerda entre vosotros, hacedlo; si es acercaros, hacedlo —les dije.

Luego les pedí que hablaran por turnos sobre la relación. Al principio, lo hicieron algo tensos, generalizando, para distanciarse de sus sentimientos:

—Creo que existe mucho afán de control en *nuestra* relación —respondió Anne.

Cada vez que uno de los dos planteaba una pregunta o un desacuerdo, el otro se alejaba. Parecía una respuesta de lucha o huida sumamente condicionada.

Al cabo de un rato, les sugerí que utilizaran un lenguaje más preciso que pudiera entender un niño de diez años: «Me gusta cuando... No me gusta cuando... Me asustas cuando...». Les pedí que en vez de alejarse, permanecieran sin moverse y que observaran qué pasaba. Quería que experimentaran que el conflicto no era tan peligroso. De pronto, cuando Jerry dio un gran paso hacia delante, el miedo se reflejó en el rostro de Anne.

—¿Qué quieres decir, Anne? —le pregunté.

Se le saltaron las lágrimas y balbuceó sus palabras:

—Realmente, no me puedo creer que quieras estar conmigo. Siempre tengo miedo de que me dejes.

Jerry se quedó perplejo.

—¿Qué estás sintiendo? —le pregunté a Jerry.

—Me siento fatal, como si hubiera hecho algo malo.

—¿Qué has oído que decía Anne? —le dije.

—No lo sé, pero me siento culpable, como si tuviera la responsabilidad de evitar su sufrimiento.

—Díselo.

—Siento como si tuviera la responsabilidad de evitar que sufras.

—Basta con que estés conmigo —respondió ella acercándose a él.

Los ojos de Jerry también se llenaron de lágrimas.

—Yo tampoco puedo creerme que quieras estar conmigo. Me cuesta mucho hablar. Tengo mucho miedo. No me siento digno.

Anne y Jerry siguieron hablando, adentrándose en sus miedos, sintiendo cómo se tambaleaba su mundo interior. Se asían a la cuerda, a su vínculo, a su compromiso. Al final, cuando se acostumbraron a estar cerca durante una interacción con fuerte carga emocional, sus voces se relajaron y se volvieron más naturales.

—Te valoro mucho, Jerry —dijo Anne de pronto.

Jerry se quedó helado.

—Jerry, ¿puedes acercarte más y sentir en tu corazón lo que te acaba de decir? —le pedí tras una larga pausa.

Cuando se acercó a ella y Anne le tendió la mano, su respiración se volvió tensa de nuevo. Entonces, en un momento, se produjo una simultaneidad sorprendente: los dos se acercaron y se empezaron a reír fundiéndose en un abrazo. Habían conseguido atravesar un campo de fuerza y sortear el territorio minado para dejar sus corazones al descubierto; de este modo, dieron el primer paso para evitar la huida.

> *Estoy lleno de la luz de mil ángeles*
> *que suaviza mi camino, que suaviza mi camino.*
> *Estoy lleno de la luz de mil ángeles*
> *que suaviza mi camino hacia ti.*
>
> *Soy purificado por las lágrimas de mil ángeles*
> *que suavizan mi camino, que suavizan mi camino.*
> *Soy purificado por las lágrimas de mil arcoíris*
> *que suavizan mi camino hacia ti.*
>
> **JAMES BURGESS,** *Una danza de la paz universal*

Si queremos acercarnos a nuestra pareja, en vez de huir de ella, hemos de viajar por nuestros miedos, ablandar nuestro corazón y hacer sitio para el otro, recordando que estamos llenos de la luz de mil ángeles, de espíritu y de amor puro. Necesitamos reforzar nuestro lazo, permanecer conectados y revelar nuestros verdaderos sentimientos, en lugar de ocultarnos y huir. A veces, esto incluye apagar la televisión, dejar de tomar alcohol y descansar más, en lugar de trabajar tantas horas, tener la casa impoluta o estar eternamente ocupados. Haced una pausa. Miraos a la cara. Escuchaos en silencio.

Un corazón abierto supone un refugio para nosotros y para nuestra relación. Nos ayuda a salvar la distancia que nos separa y nos permite descubrir la extraordinaria bendición que supone tener un vínculo íntimo con otra persona. No es fácil crear esto, pero no conozco ninguna pareja que lamente haber emprendido este viaje.

34 SÉ UNA GUERRERA O UN GUERRERO ESPIRITUAL: MARCA TUS LÍMITES

Conciencia, valor y gentileza son las «armas» básicas del guerrero del corazón.

JOHN WELWOOD, *Viaje del corazón*

Puesto que todos queremos hallar nuestra esencia luminosa interior, ya que no deseamos repetir las dolorosas lecciones del pasado, porque nos amamos a nosotros mismos con toda nuestra alma y porque queremos encontrar una pareja que nos ame y nos mime, hemos de adquirir el compromiso de marcarnos unos límites. Esto significa que has de tener claras las conductas que no vas a tolerar en una relación. Punto. Esto no es negociable. Si alguien cruza esos límites acabamos la relación: sin racionalizar, sin excusas. Igualmente, nos marcamos unos límites para nuestra conducta: excusar a la otra persona, desatender responsabilidades, sacrificar nuestros valores para no perder a la pareja. Respetar nuestros límites pone a prueba nuestra resolución espiritual. Es muy fácil olvidarse de ella cuando intervienen las hormonas o nuestro deseo de tener pareja, pero por eso tenemos cerebro, y piernas, añadiría yo.

Para saber hasta dónde estás dispuesta o dispuesto a llegar, recuerda alguna relación conflictiva del pasado. Recuerda la primera corazonada que tuviste de que algo no iba bien. Recuerda el malestar que sentiste en el estómago, la opresión en el pecho, la preocupación, las dudas, la pérdida de energía. Recuerda tus razonamientos y excusas en tu intento de ignorar una conducta que acabaría siendo insoportable. Cuando rastreo relaciones conflictivas de mi pasado o del de mis clientes, *siempre* descubro que previamente había habido muchas señales de aviso que se pasaron por alto o se racionalizaron, muchas veces ya desde la primera cita.

MÁXIMA
Las conductas del pasado son la mejor forma
de predecir futuras conductas.

CONSEJO
Confía en tus observaciones y tus respuestas intuitivas.
Expresa tus preocupaciones cuando aparezcan.

Puedes utilizar estas cuatro listas para que te ayuden a marcarte unos límites:

1. Conductas inaceptables de la otra persona.
2. Conductas inaceptables de tu parte.
3. Racionalizaciones y excusas que has usado en el pasado para no respetar tus principios.

4. Consecuencias de no respetar tus principios o no cuidar de ti misma/o.

Aquí tienes algunos ejemplos extraídos de las listas de otras personas:

LISTA 1. CONDUCTAS INACEPTABLES DE LA OTRA PERSONA

(Recuerda las señales de aviso que desoíste en el pasado que indicaban que había problemas en la relación).

- Es encantadora por fuera. Te seduce emocional y físicamente para poder controlarte. Quiere sexo enseguida y busca el compromiso. Demasiado bueno para ser verdad.
- No respeta tus límites o principios. Te castiga con la indiferencia cuando le dices que no.
- Tiene un temperamento volátil, explota con pequeñas cosas.
- Tiene celos de tus amistades, de tu trabajo y de otros intereses, siempre quiere saber dónde estás. Hace comentarios sarcásticos de tus amigos.
- No cumple con las citas y los acuerdos (un solo plantón sin una disculpa válida es razón suficiente para dejar de ver a una persona).
- No es de fiar. Te dice que te llamará y se «olvida». Siempre pone excusas.
- No muestra un verdadero interés por estar juntos.

- Siempre culpa a los demás. Nunca reconoce su parte de culpa en crear los problemas, que siempre tienen que ver contigo, con los demás, con el tiempo, con la infancia, con su expareja o examante, etcétera.
- Está muy implicado con su madre, padre, hijos o expareja, ya sea por dependencia o porque está muy furioso contra ellos.
- Evita presentarte a sus amistades, te mantiene al margen del resto de su vida.
- Te exhibe como si fueras un trofeo.
- Se vuelve violento, física o verbalmente.
- Nunca tiene dinero, espera que seas tú quien lo pague todo, sin compensar.
- Tiene adicciones activas: drogas, alcohol, juego, anorexia, bulimia, etcétera.
- No controla el dinero que gasta ni su trabajo.

LISTA 2. CONDUCTAS INACEPTABLES DE TU PARTE

Los temas de la siguiente lista indican que tenemos que trabajarnos algo. *Recuerda que es mejor hablar a tiempo y dejar que una relación se rompa que vivir con miedo o sacrificar tu integridad.*

Estas son las señales de que te estás perdiendo a ti misma o a ti mismo y estás perdiendo tu poder en la relación:

- No tratar tus preocupaciones o problemas por miedo al conflicto, a «herir» a la otra persona o a que esta se sienta «amenazada».

- Sentirte como una niña pequeña o un niño pequeño cuando estás con tu pareja.
- Tener dudas, confusión, ser demasiado sentimental, tener miedo, ser soñador/a, estar desconectada/o.
- Actuar para quedar bien, ser agradable, fuerte, supercompetente, alegre, dulce, interesante, seductor/a, una víctima afligida, etcétera.
- Adaptar tu vida a sus necesidades, como dejar de ver a tus amistades, renunciar a tus aficiones, etcétera.
- Dar mucho más de lo que recibes o querer recibir sin dar.
- Sentimientos de desesperación, dependencia, querer aferrarse a esa persona.
- Fantasear sobre el futuro: bodas, vivir juntos, etcétera.
- Dar muchos consejos o intentar cambiar a la otra persona.
- Racionalizar, ignorar o buscar excusas sobre conductas inapropiadas.
- Tener la esperanza de que la otra persona cambiará, si tú eres lo bastante agradable, sexi, buena/o, generosa/o o cariñosa/o.
- Obsesionarte con la otra persona.
- Ser demasiado indulgente con conductas adictivas o compulsivas: comer, comprar, beber, jugar, etcétera.

- Tener relaciones sexuales aunque no te apetezca o cuando sabes que no es una buena idea.
- Tener mucho sexo para demostrarte que mantienes una relación o que alguien te ama.
- No cuidarte o no ser responsable: trasnochar demasiado, no alimentarte bien, no hacer ejercicio, no pagar las facturas, etcétera.

LISTA 3. RACIONALIZACIONES Y EXCUSAS QUE HAS USADO EN EL PASADO PARA NO RESPETAR TUS PRINCIPIOS

Muchas veces fabricamos historias para evitar oír las señales que nos manda nuestra intuición respecto a los problemas que están en período de incubación. A continuación tienes una lista de historias/racionalizaciones habituales que utilizamos para enmascarar nuestro miedo y evitar la realidad:

- «Nadie es perfecto».
- «Sé que me quiere de verdad, pero le cuesta expresarlo».
- «Tiene buen fondo, pero a veces pierde el control».
- «Si me quejo, me abandonará».
- «Lo está pasando mal».
- «Hice una promesa».
- «Me necesita».
- «Sé que tenemos problemas, pero Dios me lo ha enviado por algo».

- «Somos almas gemelas».
- «Otras personas están peor».
- «Puede que no encuentre a otra persona».

LISTA 4. CONSECUENCIAS DE NO RESPETAR TUS PRINCIPIOS O NO CUIDAR DE TI MISMO

Revisa tus antiguas relaciones a ver si identificas los siguientes síntomas. Escribe los nombres de las personas con las que has estado y haz una lista para cada una. Aquí tienes algunas ideas para empezar:

- «Malgasté mucho tiempo y energía».
- «Me volví dependiente y tenía miedo a estar sola».
- «Descuidé mis metas, mi trabajo, mi integridad y mis valores».
- «Me deprimí, tuve ansiedad, perdí mi creatividad».
- «Me volví irritable, crítica/o, controlador/a, mezquina/o con los demás».
- «Caí en adicciones y conductas compulsivas que implicaban la alimentación, las drogas, el alcohol, las compras, la codependencia, etcétera».
- «No veía a mis amistades o las agobiaba con mis problemas».
- «Tenía síntomas físicos de estrés y falta de sueño, dolores de cabeza, de estómago, etcétera».
- «La rabia me comía por dentro».
- «Me sentía estancada/o».

¡MENSAJE IMPORTANTE! Si vas en serio con lo de no repetir las penurias del pasado:

1. Pon un papel en la puerta de la nevera donde hayas escrito hasta dónde estás dispuesta/o a llegar. Escribe una marca de verificación en los puntos que creas que te has pasado por alto o para los que hayas buscado una excusa. Hazlo cada vez que te suceda.

2. Da una copia de tu lista de límites a uno o dos de tus amigos o amigas, o a personas de tu grupo de apoyo. Comunícate con esas personas a menudo y pídeles que te recuerden cuándo, según ellas, te has saltado tus propias normas o estás empezando a buscar excusas.

La mayor parte de tus amigos y amigas se sentirán aliviados si saben que tienen permiso para hablar cuando crean que estás teniendo una conducta destructiva. Si las personas de tu círculo no se sienten libres para ser sinceras contigo, es probable que dejen de ser tus amigas para evitar escuchar tus predecibles miserias. O tal vez hagan lo contrario, se unirán a ti en culpar al otro y reforzar tu papel de víctima inocente, que no hará más que aumentar tu penosa situación. Por cierto, una de las enseñanzas budistas es la de ayudar a crecer a nuestros amigos, no a incrementar su conducta desesperada y desequilibrada. Los ayudamos a permanecer en el camino correcto.

Cuando tu lista empiece a parecerse a una lista de la compra llena de tachaduras, invoca a tu guerrero o guerrera interior y ten una conversación con él: «Bien, ¿de qué forma me estoy autoengañando?», «¿Cómo estoy haciendo que esta persona sea más importante que mi propia vida?», «¿Qué le diría a un amigo que estuviera actuando como yo?». Hemos de recordar nuestro camino, nuestro espíritu, nuestra cordura, y protegernos a nosotros mismos. Busca ayuda. Ninguna pareja merece que perdamos el juicio.

Ceñirnos a nuestra lista pone a prueba nuestro temple y nuestra voluntad. Puede parecerte que estás librando una guerra interior, pero junto a los sentimientos de introversión (soledad, miedo, culpa y vacío) sentimos un nuevo tipo de libertad en la que somos leales a nosotros mismos.

Solo cuando seamos un guerrero interior (consciente, amable, autoprotector, feroz, capaz de decir no) tendremos la certeza de poder sacarnos nuestra capa protectora y decir sí a otra persona. Nuestro centinela es nuestro guardián, el sabio que nos protege. Nuestro guardián es también primo de la ternura, la bondad y la compasión porque libera nuestro miedo y nos permite ser vulnerables. Nuestro guerrero (o nuestra guerrera) está en sintonía con el ritmo, el tono, el pulso, la armonía y la disonancia de la relación, y está abierto a un autoexamen implacable. Puede invocar el conflicto y la preocupación y hacer que nos alejemos de una situación tóxica, por muy fascinante o tentadora que nos parezca.

35 ¿QUÉ ES ESE ZUMBIDO EN MI MENTE? GESTIONAR LAS OBSESIONES

Alguien que no cultiva flores cultiva espinos. Si no construyes estancias donde se pueda hablar abiertamente de la sabiduría, construyes cárceles.

RUMÍ, *Say I Am You* [Di yo soy tú]

En las primeras semanas o meses en que estás saliendo con una persona que parece que va en serio, pueden aflorar sentimientos de angustia en tu mente: «¿Le gusto de verdad?», «¿Se quedará conmigo?», «¿Va esto en serio?». Es normal que exista cierto grado de inquietud porque es demasiado pronto para saber cuál será el resultado de la relación. No obstante, si empezamos a obsesionarnos hasta el extremo de sentir un zumbido constante en nuestra mente, probablemente estemos ocultando la verdad y acallando nuestros sentimientos, miedos o preocupaciones respecto a nosotros o nuestro nuevo amigo o amiga.

Los pensamientos obsesivos indican que estamos mintiendo respecto a nosotros o a otra persona.

La obsesión puede hacernos sentir que nuestra mente está ocupada de la mañana a la noche. Por más que lo intentes, ese zumbido sigue. A veces, reproduces una conversación constantemente, real o imaginaria, recuerdas con euforia una antigua experiencia sexual o sientes que no puedes sacarte de tu cabeza su nombre o su rostro.

Una obsesión puede indicar:

1. La necesidad de sacar a la luz heridas o preocupaciones.
2. La intuición de que tu nueva pareja es ambigua, no es capaz de comprometerse o te esconde algo.
3. Necesitas que tu nuevo «amigo/a» te aclare sus intenciones («¿Adónde va esta relación?»).
4. Eres adicta/o a enamorarte y a crear la ilusión de que tienes una relación, lo cual no se corresponde con la realidad.
5. No quieres admitir que tienes serias dudas respecto a salir con esa persona. Por una parte, quieres seguir viéndola, pero por otra hay algo que no te encaja.

Tanto en mi vida personal como en mi relación con mis clientes, he observado una y otra vez que cuando las personas se permiten conocer y decir la verdad, las obsesiones desaparecen y la mente se serena. Conocer y reconocer la verdad no es fácil, en parte porque las señales no necesariamente son verbales, ya que pueden manifestarse de diversas formas, como un malestar continuo en el estómago, pérdida de energía, nudo en la garganta, etcétera.

Nuestra misión es escuchar sin miedo y con gran compasión lo que nos dice nuestro cuerpo, nuestra mente y nuestro corazón, y recordar que el pensamiento obsesivo nos mantiene recluidos en el miedo. Si estás atrapada o atrapado en el miedo, invoca a tu yo adulto, a tu naturaleza búdica, para que te recuerden que antes de conocer a esta persona te las arreglabas bien en tu vida y que *no* dependes de ella. Puedes levantarte de la cama, vestirte, alimentarte, ir a trabajar e ir al cine sin compañía. Creer que *necesitas* desesperadamente a esa persona es una ilusión.

Una frase que debes repetir una y otra vez es: no viviré con miedo.

Es mejor pelearse, ponerlo todo patas arriba, romper la relación y estar solo que vivir con una opresión crónica en el pecho y caos mental. A veces, no es imprescindible hablar con la otra persona; más bien lo que necesitas es darte cuenta de que vives atrapado en una ilusión. Te estás montando una película que es totalmente ajena a la realidad. Otras veces, tendrás que expresar tus preocupaciones.

Cuando verbalizamos nuestras verdades la obsesión desaparece como por arte de magia. Si bien es cierto que puede que implique una pelea o el fin de la relación. Pero también puede suponer que entabléis una conversación productiva, que tengáis más claro vuestro compromiso, que os sintáis más cerca de la otra persona y que deis un gran paso hacia una auténtica convivencia. Sea como fuere, no cabe duda de que te respetarás más y que podrás seguir tu camino espiritual gracias a que verás las cosas más claras, conocerás la verdad y habrás aprendido a cuidar de ti.

36 CONFIGURA TU RADAR DE ATRACCIÓN PARA ENCONTRAR UNA PAREJA SENTIMENTAL

Algunas veces, nuestro radar de atracción se dirige obstinadamente hacia la mala dirección. Las personas amables, que se implican y que son bondadosas nos dejan indiferentes y nos aburren, mientras que las explosivas, deslumbrantes y seductoras irresponsables despiertan nuestro interés. Si te sientes atraída o atraído hacia personas que no son buenas para ti, enumera sus atributos y aprende a decirte: «Aunque me sienta atraída hacia esta persona, sé que no funcionará», y te vas en dirección contraria. Esto no significa que enseguida vayas a encontrar a la pareja que estás buscando, pero te ayudará a crear espacio en tu vida que te permitirá reflexionar mejor sobre las falsas ideas que te incitan a sentirte atraído hacia una persona que no puede acompañarte en tu camino espiritual.

Hubo una etapa en mi vida en la que me sentía atraída hacia hombres seductores, inteligentes, liberales, pasivo-agresivos y (a veces) alcohólicos que estaban bloqueados emocionalmente y eran incapaces de comprometerse. Sus palabras superficiales no se reflejaban en su conducta. Al final, me harté de las lecciones dolorosas y dije: «Ya basta. Se acabó». El mero acto de alejarme de aquello me ayudó a respetarme más a mí misma y eso propició un cambio interior.

Por fin, me di cuenta de que mi atracción hacia el tipo de hombres que me prometían el cielo y luego me lo quitaban era una repetición de mi relación con mi madre. Inconscientemente, seguía queriendo el amor de mi madre, así que escogía a personas con problemas emocionales (como ella) con la esperanza de que cambiarían (como ella no hizo). La película que me había montado respecto a mí y que hacía que mantuviera este patrón era que siempre estaría sola.

Aunque no pude borrar esos pensamientos al instante, fui capaz de empezar a observarlos y a darme cuenta de que solo eran pensamientos. No me opuse a ellos, pero tampoco me identificaba con ellos. Al final, con terapia y meditación, los pensamientos tormentosos fueron perdiendo fuerza y se convirtieron en nubes suaves.

Una mujer que había tenido una relación conflictiva, que luego se transformó en una relación de amor genuina, llegó a la conclusión de que solo estaría con alguien que fuera bueno con ella. El hombre que conoció, con el cual acabó casándose, al principio no la deslumbró, y tuvo que recordarse que tenía que ser consciente de sus sentimientos y estar presente. «Estaba relajada y sin preocupaciones, casi como si algo fuera mal. Mi antigua experiencia con las relaciones había sido siempre de tensión y excitación. Él era una persona de fiar y tierna, cualidades que acabé apreciando».

Observa cómo cambió su historia respecto a las señales que indicaban que era una buena relación. Cuanto más nos ceñimos al camino de desapegarnos de nuestras historias, más vamos dejando de creer en ellas, de repetírnoslas, y empezamos a profundizar en nuestra esencia luminosa, que se sentirá atraída naturalmente hacia una persona bondadosa y compasiva capaz de dar y de recibir amor.

37 ¿ESTÁ ESCRITO EN LAS ESTRELLAS O EN UNA PÁGINA? ASTROLOGÍA Y GRAFOLOGÍA

Hay momentos en los que no estamos seguros de nuestras percepciones respecto a una relación. Estamos inquietos, pero no sabemos bien por qué. Hay veces que nos enfadamos con nuestra pareja sin razón evidente. Aunque nunca hemos de desoír a nuestra guía interior, el análisis de la escritura y la astrología, a veces, pueden ayudarnos a confirmar nuestras corazonadas.

Por experiencia propia, ambas me han demostrado ser útiles para entender mejor a mi pareja, confirmar mi intuición y reconocer que tenemos distintas maneras de vivir en el mundo, desde estilos de aprendizaje hasta nuestro ritmo para formar una relación y nuestras diferentes formas de percibir el mundo. Un ejemplo es la conversación que mantuve con Jane Yank, de la empresa Signature Consulting, respecto a una relación: «Charlotte, para ti hablar las cosas es como respirar aire fresco; para él es como hacer flexiones de brazos». Este comentario me ayudó a ser mucho más comprensiva con mi pareja y a valorar el esfuerzo que suponía para él mantener esas conversaciones.

EL ANÁLISIS DE LA ESCRITURA

Jane, grafóloga diplomada, me habló de los posibles usos del análisis grafológico para las nuevas parejas o personas que están iniciando una relación:

La principal tesis es que en esta cultura estamos altamente socializados. Se imparten cursos sobre cómo presentarnos, cómo flirtear, cómo decir lo «correcto». Nos convertimos en personas prefabricadas. Sin una *yenta* [término *yiddish* para designar a una mujer con mucho don de gentes, a la que se suele contratar por sus servicios de casamentera] que nos conozca desde pequeñas, poco podemos hacer, salvo fiarnos de nuestra intuición y de lo que nos dice la persona a la que estamos conociendo.

La escritura nos da una visión interior sobre cómo es realmente la persona. Es un compuesto de todo su pasado. Nos muestra sus intereses, sus dones, su capacidad intelectual, su forma de pensar, su nivel de energía, su grado de receptividad y su forma típica de reaccionar al estrés. Incluso puede desvelar antiguos traumas emocionales debidos a sucesos que marcaron su vida, y que esa persona ha ocultado hábilmente bajo la apariencia de que todo está bien y utilizando las palabras correctas.

Al explorar la compatibilidad, sabemos que habrá diferencias, pero lo que nos hemos de preguntar es: «¿Qué significan estas diferencias? ¿Podemos entenderlas y aceptarlas o nos están revelando algunos problemas básicos que afectarán a nuestra relación?».

Por ejemplo, el nivel de energía afecta a la compatibilidad, porque tiene que ver con nuestra habilidad para llevar a término nuestros planes y objetivos, y con la profundidad del compromiso al que podrá llegar esa persona. Es decir, algunas personas pueden desear mucho tener una relación, pero simplemente carecen de la capacidad emocional o física para mantenerla, siempre están cambiando internamente y no tienen claro quiénes son.

El análisis grafológico es una forma directa de reconocer el autoengaño. Según Jane:

Algunas personas, que desean ser de cierta manera, pueden llegar a autoconvencerse de que son el personaje que han creado, y de este modo, están dando una falsa imagen de sí mismas. Otras utilizan el encanto y la manipulación para disfrazar que son muy exigentes en la vida. Puedes tardar meses en conocer lo que se oculta tras esa fachada, aunque mucho antes de que reconozcas la decepción, algo en tu interior te haya estado diciendo que las cosas no iban bien. Con un análisis grafológico te darás cuenta enseguida. También te ayuda a conocer cómo esa persona gestiona el estrés; puedes conocer todos los matices: desde ser muy hábil, ponerse a la defensiva o guardarse sus emociones hasta ser propensa a la agresividad.

Le pregunté a Jane sobre las diferencias de género en la escritura. Se rio:

La escritura es un tipo de análisis que no tiene género. Es difícil saber si se trata de un hombre o de una mujer y existen grandes diferencias entre las personas. Nos demuestra claramente que hemos de confrontar nuestros estereotipos y dejar de hacer suposiciones respecto a cómo es un hombre o una mujer. Cada persona posee su propia constelación de atributos únicos.

Jane siguió explicándome que suele trabajar con parejas que se han encontrado un obstáculo en su relación y que las ayuda a entenderse mejor mutuamente. Le pregunté si era ético pedir un análisis grafológico de tu pareja o de la persona con la que estás saliendo, sin su permiso. Me respondió que si bien era cierto que eso reflejaba una falta de confianza y que ella prefería que las parejas fueran juntas a verla, reconocía que había algunos casos en los que era extraordinariamente útil. Por ejemplo, cuando alguien está sufriendo abusos y le cuesta creer en su intuición, el análisis grafológico puede ayudar a esa persona a ver que su pareja tiene unos patrones profundamente arraigados para afrontar el estrés, a través de la hostilidad y la violencia. Las personas mayores también suelen ir solas, porque ya han tenido malas experiencias anteriormente y no quieren malgastar su tiempo con una relación en la que haya pocas probabilidades de compatibilidad.

Los grafólogos utilizan sofisticados instrumentos para evaluar los detalles de la escritura, y sus análisis se basan en un buen número de investigaciones. Jane dijo que ella emplea tres métodos de evaluación para cada atributo, a fin de comprobar si guarda coherencia con la escritura. Aun así, siempre plantea sus interpretaciones a sus clientes en forma de preguntas: «¿Te parece correcto?».

LA ASTROLOGÍA

A un aspecto de mí le cuesta creer que la hora y el lugar de nacimiento son esenciales para poder predecir nuestro carácter, nuestras relaciones y nuestra personalidad. Stephen Wolinsky describió la astrología como un método que nos aporta un panorama de la relación espacio-tiempo en el momento de nuestro nacimiento, así como de otros acontecimientos de nuestra vida: «Si la luna puede provocar las mareas y somos agua en un noventa y cinco por ciento, la posición de las estrellas y de la luna también puede tener un efecto en nuestro cuerpo». Aunque no pretendo entender a fondo su funcionamiento, las veces que me han interpretado la carta astral, incluida una sinastría[*] de parejas, han sido extraordinariamente útiles para ayudarme a entenderme a mí misma y a mi pareja en ese momento.

Conocí a Altazar Player, un experimentado astrólogo, porque quería entrevistarlo y que me hiciera una sinastría para ver la compatibilidad con la persona con la que estaba saliendo. Según Altazar, la astrología puede predecir muchos aspectos de compatibilidad: confianza, intereses

---

[*] N. de la T.: Comparación de dos cartas para ver si hay compatibilidad.

comunes y la capacidad para conectar, ser entendidos, comunicarnos y, en términos generales, ser compatibles con la energía de la otra persona. Asimismo me dijo que las agencias de contactos que utilizaban la astrología para predecir la compatibilidad tenían índices de éxito más elevados. Además de realizar sinastrías de parejas para descubrir los puntos fuertes y los problemas que puede haber en una relación, ha diseñado un «perfil de la pareja ideal» que aporta los años, las fechas y los meses específicos de la fecha de nacimiento de la pareja más apropiada. Como sucede con las parejas o las personas que quieren un análisis grafológico, Altazar suele hacer sinastrías al inicio de las relaciones.

«Bueno, no se trata de decir: "Vale, esto está mal aspectado y tenéis que romper". La finalidad es ayudar a la pareja a ser más consciente de las áreas donde hay dificultades y que aprendan a ser más comprensivos el uno con el otro. Aunque en algunas ocasiones la compatibilidad es muy débil o está claro que esas personas funcionarán mejor como amigas que como pareja».

Si te cuesta elegir pareja, tienes dudas que te gustaría aclarar, quieres entenderte mejor a ti y a tu pareja, deseas probar un análisis grafológico o que te hagan una carta astral, aunque solo sea por mera curiosidad, estos dos métodos pueden resultarte útiles. Antes de solicitar sus servicios, procura preguntarles por su experiencia, formación y creencias. Recuerda no infravalorar nunca tu sentido común, tus observaciones y tu intuición. En el camino espiritual estamos abiertos a recibir información y ayuda, pero, en última instancia, nuestra mejor guía es nuestra sabiduría interior.

38 ACEPTA LA IMPERMANENCIA, LA PÉRDIDA Y LA ALEGRÍA

Tu alegría es tu tristeza sin máscara [...]

*Cuanto más arraigada esté tu tristeza en
tu ser, más alegría podrás albergar.*

*Cuando seas feliz, mira en lo más hondo de tu
corazón y descubrirás que lo que te ha provocado
tristeza es lo que ahora te da alegría.*

*Cuando estés triste, vuelve a mirar en tu
corazón y descubrirás que en realidad lloras
por aquello que te ha hecho feliz.*

KHALIL GIBRAN, *El profeta*

*A*brirnos a la felicidad de una unión amorosa significa aceptar la posibilidad de perderla. Para ser capaces de amar, hemos de aceptar la melancolía de la vida, las pequeñas pérdidas de todos los días y la gran pérdida a la que llamamos muerte. La paradoja es que cuando aceptamos que el cambio, la pérdida, el malestar y el duelo son inevitables, la vida no nos da tanto miedo y somos más libres para forjar relaciones íntimas.

Hemos de estar abiertos a las inevitables pérdidas cotidianas, para estar receptivos al amor. Decimos «hola» y «adiós». Estamos conectados y al momento siguiente ya no lo estamos. Un momento de ternura sexual nunca será siempre igual. Cada respiración nos conecta a la vida; luego pasa, antes de que una nueva respiración vuelva a llenarnos. Cada día, cada semana, pasamos por distintas etapas espirituales y de desarrollo.

La impermanencia es un concepto primordial en el budismo. Nada permanece igual, ni las ideas, ni los pensamientos, ni la percepción y, por supuesto, tampoco los demás. Las flores del florero de la mesa se marchitarán en unos días, las nubes nunca son las mismas. La tristeza y la alegría caminan agarradas de la mano. En el camino espiritual dejamos que las cosas sean de este modo, las observamos y las dejamos pasar, como una brisa. No esperes que la persona de la que te has enamorado sea siempre igual. El camino espiritual es fluido, incomprensible, indefinible, escurridizo, como el aire que respiramos. En cuanto intentamos aferrarnos a algo dejamos de fluir en el presente.

Una mañana, fui a dar un hermoso paseo por Blue Mountain. Los gorriones cantaban, soplaba una brisa suave, limpia y fresca sobre mi rostro, el cielo azul destacaba detrás de los gigantescos pinos ponderosa, y el manto de pinaza amortiguaba la pisada. Sentía el placer del esfuerzo de caminar cuesta arriba y mi corazón latía rápido. Me deleitaba con los placeres sensoriales y deseaba absorberlos y llevármelos a casa. Pero en el momento en que pensé en aferrarme a ellos, sentí un poco de tristeza. Ya no estaba en el presente. Así que sincronicé nuevamente mi marcha con el ritmo cardíaco y volví a saborear el delicioso momento.

Inicias una relación con alguien por cómo es en el momento en que conoces a esa persona. En el caso de que sigáis adelante, tal vez podréis mantener la vitalidad, si sois capaces de saborear juntos, en cada momento, los cambios que surgirán inevitablemente en vuestro viaje, siempre que lo hagáis con una mente abierta. Miraos todos los días como si fuera la primera vez, con una visión clara y una mente receptiva, para ver a la persona de hoy, no a la que conocisteis en el pasado.

Como vagabundos que siempre buscan el camino más solitario, no comencéis el día donde lo dejasteis ayer; y que no os sorprenda ningún amanecer donde os dejó el atardecer.

KHALIL GIBRAN, *El profeta*

Quinta parte

PROFUNDIZA
Crea un fuego duradero

39 PROFUNDIZA: ENCUENTRA EL AMOR QUE OCULTAN TUS ILUSIONES

Está el mundo material y el mundo espiritual. Entre ambos mundos reside la mente universal, que también es el corazón universal. La sabiduría del amor es lo que hace que dos se conviertan en uno.

SRI NISARGADATTA MAHARAJ, Yo soy eso

Cuanto más profunda se vuelve nuestra conexión, más fácil es que sintamos el desasosiego de estar caminando sobre el estrecho filo de la navaja que divide el miedo, la esperanza y el compromiso. No nos conocemos lo bastante bien el uno al otro como para sellar un compromiso a largo plazo, pero empiezan a aumentar nuestras esperanzas. Nos movemos entre nuestro deseo de proteger a nuestro tierno yo y el de estar lo suficientemente abiertos como para hacer que la relación avance.

La ambigüedad es un reto enorme para muchas personas. Nuestras expectativas sobre como *debería* ser una relación bloquean nuestra habilidad para ver lo que está pasando realmente. Sin embargo, nuestra naturaleza búdica observa tranquilamente el proceso. Cuando

vivimos más de acuerdo con nuestra esencia y empezamos a convencernos de que amar es natural, que no es
arriesgado ser sinceros y que pertenecemos al corazón
del Amado pase lo que pase, nuestras ilusiones desapa-
recerán y estaremos preparadas para una conexión más
profunda.

En el camino espiritual hay recuerdo y olvido, afinidad y rechazo, entusiasmo y decepción. Si ponemos un
halo de santidad alrededor de la cabeza de nuestro amado, nos decepcionaremos cuando empiece a mancharse.
Cuando nuestro príncipe o princesa pierda los nervios en
un atasco de tráfico, critique nuestra forma de vestir, tenga mal aliento, se enfade cuando salgamos con un amigo
o amiga, no nos llame en varios días o empiece a tener
un carácter muy cambiante, sufriremos un *shock* terrible.
Hemos de recordar que este es el tipo de cosas que suce-
den cuando iniciamos una relación y que ponen a prueba
nuestro compromiso con el camino espiritual.

Si hemos conservado nuestra visión relativamente
clara y no esperamos la perfección, nos quedaremos más
perplejos que decepcionados ante los defectos y rarezas
de nuestro nuevo amor.

Aun así, con frecuencia nos enfrentaremos a una
pregunta fundamental: ¿reflejan nuestras preocupaciones nuestras ilusiones y nuestra necesidad de controlar
o son señales claras de que hay algún problema en la
relación?

Incluso aunque [el amor] ascienda a tu altura
y acaricie tus ramas más tiernas que se estremecen al sol,
que también descienda el amor hasta tus raíces
y las sacuda para que no se aferren a la tierra.

KHALIL GIBRAN, *El profeta*

Dejar que tiemblen tus raíces es una vía de crecimiento en una relación. Nos colamos entre ilusión e ilusión y descubrimos que no corremos ningún riesgo hablando de nuestros sentimientos, que podemos pedir cosas y, a veces, hasta decir «no». Y lo más importante, que también es seguro decir «sí». Esto no garantiza el éxito de la relación, pero sí que nos mantengamos en el camino espiritual. Cuando escuchemos nuestros diálogos internos hemos de recordar que estamos escuchando dos aspectos de nuestra personalidad que están jugando al tira y afloja. Una de las voces internas nos advierte: «Esto es una tontería, no digas nada porque podría enfadarse», mientras que la otra nos dice: «Me reconcome por dentro, he de hablar de esto ahora». De nuevo, nuestro ego y nuestras ilusiones se confabulan contra nuestro deseo de vivir desde nuestra esencia. Observamos y recordamos:

No hay nada que temer por dejarse guiar por la verdad. Los ingredientes para una relación están presentes o no lo están, y la verdad te ayuda a averiguarlo lo antes posible.

No obstante, discernir la verdad no es tarea fácil. Nos exige que prestemos mucha atención a nuestros pensamientos y sentimientos. Algunas veces, nuestras verdades se presentan como *flashes* de lucidez espontáneos. Otras, hemos de trascender nuestras cavilaciones (los deseos, opiniones y críticas pasajeros que nos parecen reales momentáneamente) y esperar un mensaje claro procedente de nuestro estado de serenidad interior. Pueden pasar días, semanas o incluso meses. El arte de vivir según nuestras verdades nos invita a que nos planteemos las siguientes preguntas: «¿Se basa mi motivación en la compasión?», «¿*Cuándo* he de decir algo?», «¿*Cómo* lo digo?» y «¿*Debería* decir algo?». Algunas verdades se transmiten con una mirada, una caricia, un alejamiento, un acercamiento, un silencio o una espera afectuosos. Y no hemos de olvidar que aquello que, en cualquier momento dado, decimos que es *la* verdad es simplemente *nuestra* verdad.

Tal vez nos ayude a recordar que no estamos solos en nuestra lucha para percibir nuestras verdades: estamos explorando *los* miedos, *los* conflictos, *las* luchas de *todas* las relaciones. A medida que vamos ahondando para revelarnos a nuestra pareja tal como somos, vamos conectando con experiencias humanas universales. Todas las relaciones genuinas incluyen conflictos y el reto de permanecer despiertos. Si la danza de tener una nueva relación amorosa en tu vida te pone nervioso, respira y sigue bailando. Recuerda que vives en el corazón del Amado. Puede que no te des cuenta ni lo sientas, pero detrás de todos tus pensamientos se encuentra tu esencia luminosa.

Para evitar quedarte atrapada o atrapado en las ilusiones puedes volver a tu centro con estas sencillas preguntas que te ayudarán a reflexionar sobre tu relación:

- ¿Mostramos los dos un interés genuino por estar juntos, somos los dos los que iniciamos el contacto y disfrutamos creando el vínculo?
- ¿Somos los dos fiables, acudimos a nuestras citas, somos puntuales, cumplimos nuestras promesas?
- ¿Nos escuchamos ambos mutuamente y somos respetuosos y considerados?
- ¿Compartimos una amplia gama de experiencias?
- ¿Nos hacemos preguntas para conocer mejor las historias, las creencias y los valores de la otra persona?
- ¿Soy consciente de mis reacciones, observaciones e intuiciones?
- ¿Soy consciente de mis sentimientos, dudas y preocupaciones y las expongo o las analizo en mi interior?
- ¿Qué importancia tienen el alcohol y otras sustancias adictivas en nuestra relación? ¿Bebemos (o tomamos drogas) para que nos ayuden a hablar y a hacer el amor?

Si te abrazo con mis emociones,
te convertirás en un/a anhelado/a compañero/a.

Si te abrazo con mis ojos,
envejecerás y morirás.

Por eso, te abrazo donde
ambos nos fusionamos con lo Infinito.

RUMÍ, *Say I Am You [Di yo soy tú]*

40 EL CÍRCULO SAGRADO DE LOS COMIENZOS Y LOS FINALES

Te lamentas de que «ella me ha dejado»,
«él me ha dejado».
Vendrán otros veinte.
Vacíate de preocupaciones.
¡Piensa en quién creó el pensamiento!

¿Por qué permaneces en la cárcel
cuando tienes la puerta abierta?
Aléjate del nudo de pensamientos que te asustan.

Vive en el Silencio.
Fluye siempre hacia abajo ensanchando
los anillos de la Existencia.

RUMÍ

A pocos años de cumplir los treinta, rompí mi doloroso matrimonio. Estaba deprimida y agotada y no tenía ninguna esperanza de que aunque invirtiera más energía conseguiría que funcionaran las cosas entre nosotros. Lo más irónico es que la ruptura con mi esposo fue la parte más dulce de nuestra relación. Los hilos que nos habían unido, la preocupación que sentíamos el uno por el otro, resurgieron y crearon un fuerte deseo de no volver a causarnos sufrimiento. Y como no nos separamos dando un portazo, diez años después, cuando yo estaba haciendo terapia, pude llamarlo y hablar de algunos de los acontecimientos dolorosos que marcaron nuestro matrimonio. Él me apoyó con su vulnerabilidad y su sinceridad, tras lo cual vino la curación y el perdón se completó.

En el viaje para encontrar a nuestro amado, tal vez vivamos varios finales y varios comienzos. Forman parte del mismo círculo. La gracia que aportamos cuando ponemos fin a una relación nos ayudará a deshacer suavemente el lazo y a dejar ir. Perdonarnos a nosotros mismos y a nuestra expareja nos libera para poder amar mejor la próxima vez. Y si el perdón te parece imposible, imagina que dejas ir tus resentimientos y tu dolor. Si tampoco te parece viable, indaga en tus sentimientos de ira, duelo y dolor para poder sentirlos, entenderlos y liberarlos.

Si aun así sigues amargado, herido o victimizado, tendrás que revisar las historias que te estás contando. Tal vez te preguntes: «¿Cómo he influido yo en la confección de esta historia?» o «¿Cómo puedo evitar cometer los mismos errores?». Cuando somos adultos nos decimos: «Elijo a esta persona», «Amo a esta persona» o «He estado con esta persona y, ahora, ¿qué significa todo esto para mí?». Hemos de completar el proceso de dejar ir para seguir avanzando con claridad y con una mentalidad abierta respecto a que pueda aparecer alguien nuevo en nuestra vida. De lo contrario, estaremos protegiendo nuestro corazón lastimado, amando a medias y sintiéndonos decepcionados, porque nunca seremos capaces de intimar verdaderamente con alguien.

Ninguna separación debería sorprendernos jamás. Si en lugar de reprimiros y alimentar rencores y resentimientos habláis de vuestras preocupaciones y revisáis vuestras intenciones, los dos sabréis que hay un problema y que existe la posibilidad de la ruptura. Si somos realmente adultos, nunca intentaremos persuadir a alguien para que se quede contra su voluntad. Ni tampoco desearemos estar con alguien que no quiera verdaderamente estar con nosotros.

La clave está en recordar que las personas se hieren unas a otras inconscientemente, porque no se dan cuenta. *Ojalá pudiéramos entender, aunque solo fuera por una décima de segundo, que todos nos amaríamos unos a otros si pudiéramos*, si no lleváramos la armadura que hemos utilizado para proteger nuestro corazón. Cuando nos damos cuenta de que el enemigo es la inconsciencia, no la otra persona, el aire fresco ventila nuestra amargura y se crea más espacio en nuestra mente y en nuestro corazón.

Puede que haya al menos unas cincuenta formas de abandonar a un amante, pero solo hay un tipo de compasión. Las muestras de amabilidad y comprensión hacia tu pareja llegan hasta ese punto débil de nuestro corazón y del de la otra persona y nos liberan a ambas.

41 ESCALERAS AL CIELO: ENTRA, SAL, AVANZA Y APRENDE

Todo lo que nos pasa en la vida tiene la facultad de despertarnos o de adormecernos, y básicamente, de nosotros depende permitir que nos despierte.

PEMA CHÖDRÖN

Algunas personas aprenden y evolucionan a través de una relación primaria que dura toda su vida. Otras aprenden a través de una serie de relaciones. No hay mejor ni peor. El crecimiento personal tiene lugar cuando somos capaces de reconocer nuestros patrones y estamos dispuestos a analizarlos y a no repetir los guiones que nos han bloqueado.

Sonia había crecido en el seno de una familia que reprimía sus emociones y había aceptado la creencia de que no merecía ser amada. A los treinta y ocho años, ya contaba con varias relaciones dolorosas a sus espaldas, con personas frías e introvertidas. «Había tenido cinco relaciones, pero era como si hubiera sido una, porque todas se parecían», se lamentaba.

Tuvo que asistir a una terapia de grupo para ser capaz de adquirir el compromiso de crecer y definir sus principios y respetarlos; al final, pudo corregir su patrón negativo. Con el paso de los años, he observado a muchas personas que han acabado encontrando buenas relaciones, a pesar de haber tenido experiencias de haber sufrido abusos o relaciones tóxicas. Estuvieron dispuestas a tener una relación, a observarse a sí mismas, a aprender las lecciones que se les iban presentando y a seguir adelante si la persona que habían conocido no era adecuada para ellas. No se aferraban a relaciones mediocres y estaban dispuestas a estar solas si era necesario.

Un cliente lo describió como una escalera: «Conoces a alguien, respetas los límites que te has marcado, aprendes de ello y si no funciona, subes otro peldaño». Estas personas se atrevieron a tener un careo consigo mismas, a pisar el barro y a burlar a los duendes que se interponían en su experiencia de amar. Se enfrentaron a sus propios miedos, muros y bloqueos, y supieron sentir la ansiedad, el dolor y el duelo que había creado la armadura que envolvía su corazón. Pidieron ayuda para exponer sus problemas, para confiar en sí mismas y para escuchar sus dudas. A veces, este proceso duró algunos años o varias relaciones, pero, al final, la mayoría triunfó.

Las personas que se quedaron estancadas intentaron que funcionara su precaria relación, no hicieron caso a su intuición y se dejaron guiar por convicciones como: «He de hacer que esto funcione. Tal vez no vuelva a encontrar a nadie». Aunque observen conductas conflictivas desde las primeras citas, en lugar de confrontarlas, siguen quejándose de ellas a los seis meses. O se engañan: «No me importa que siempre llegue tarde, esté borracha, triste, sea poco considerada y esté preocupada. No estoy enfadado, dolido o frustrado. No pasa nada, aunque nunca hagamos el amor o no se preocupe por saber cuáles son mis necesidades». Luego se engañan sobre su propio engaño y se autoconvencen de que han de ser pacientes y atentas.

A continuación tienes algunas de las historias que solemos contarnos para autoengañarnos:

1. Está mejorando.
2. Nadie es perfecto.
3. Ha tenido una infancia difícil.
4. Sé que me quiere de verdad, pero le cuesta demostrarlo.
5. Tiene mucho potencial. Estoy segura de que todo irá mejor.

No te cases jamás con un potencial o pienses que alguien va a cambiar. Pregúntate: ¿por qué iba a mejorar? ¿Por qué iba a cambiar esta persona? Los patrones de conducta están grabados en nuestro sistema límbico del cerebro y se refuerzan gracias a miles o millones de repeticiones. Para liberar estos viejos patrones, hace falta un compromiso muy serio y un trabajo interior profundo, y eso lleva tiempo.

Crear una relación sana muchas veces implica tener que enfrentarnos a nosotros mismos, no a la otra persona. Un cliente que se llamaba Mark me dijo: «He de hablar con Vera muy en serio. Jamás es puntual, me interrumpe, flirtea con otros hombres y se siente herida cuando no quiero sexo. Hemos hablado de estos temas varias veces, pero no ha cambiado nada».

Mark no necesitaba una confrontación con Vera, sino consigo mismo. ¿Por qué estaba con una persona que tenía tantos aspectos que no le gustaban? Llega un momento en toda discusión, terapia y proceso en el que hay que decir: «Ella es así. ¿Quiero estar con esta persona tal como es ahora? No mañana, ni cuando haya realizado su potencial, ni dentro de cinco años. ¿Hay suficiente química para mantener una relación en estos momentos y para que pueda soportar el resto?».

Si Mark se hubiera marcado unos límites y ceñido a ellos, habría dejado de salir con ella a la tercera cita. Habría hablado de lo que no le gustaba una o dos veces, y al ver que nada cambiaba, le habría dicho adiós educadamente. Si seguimos con una relación que no es adecuada para nosotros, se convierte en *nuestro* problema. Debemos preguntarnos asiduamente: «¿Qué he de aprender?». Generalmente, es algo tan profundo como: «No le puedes pedir peras al olmo», una dura lección para muchos de nosotros.

Para los sufíes es una cuestión de sintonía. Cuando sintonizas con una vibración de energía superior, gracias a haber desarrollado tu lucidez y estar más abierto, te resulta más fácil ver dónde hay potencial para que exista una buena relación. Te sientes atraída o atraído hacia personas que también están trabajando su crecimiento personal, que se están abriendo y que es más probable que sean una buena pareja para tu viaje.

42 OBSERVA LOS MOMENTOS AGRIDULCES DE UNA NUEVA RELACIÓN

Hace meses que estamos saliendo. A medida que nuestra relación se afianza en la experiencia y en la confianza, se aviva el fuego duradero que existe entre nosotros. Hemos superado una discusión, hemos llorado, hemos disfrutado estando juntos y nos reímos mucho. A él le gusta la misma música al mismo volumen, yo soy formal devolviendo las llamadas y ciñéndome a los planes, hay un buen ritmo y fluidez a la hora de decidir qué película vamos a ver en el cine o cómo vamos a pasar el sábado juntos, de pronto es la una de la madrugada y nos damos cuenta de que llevamos dos horas hablando en la bañera. A mí me gustan sus amistades, él se presenta con un lirio atigrado en un jarrón azul. Entonces, ¿por qué a veces nos da un bajón cuando nos reconocemos que es la persona que estábamos esperando?

Toda decisión, todos los pasos adelante conllevan una pérdida. A los treinta años, sentí por primera vez esta punzada de melancolía, cuando conseguí el trabajo de mis sueños como profesora de piano en la Universidad de Ohio en Athens, Ohio. Desde que era pequeña había soñado con ser profesora de piano en una universidad. Cuando recibí la llamada del director del conservatorio de música, a las dos de la tarde, para ofrecerme el puesto, sentí una inmensa alegría. Esa misma tarde, a las siete, tenía un bajón. No entendía nada. Esa noche, en una fiesta, una amiga psicóloga me lo explicó. Cuando nuestro sueño se hace realidad se produce un estado psicológico en el que somos conscientes de que hemos de descartar el resto de las posibilidades. Si decidimos estar con esa persona, y solo con ella, también estamos diciendo: «Nunca más estaré con otra persona. Se acabó lo de otear el horizonte en busca de posibilidades, se acabaron las fantasías y los sueños».

Años más tarde, una mañana, recordé esa experiencia del trabajo de profesora de piano, porque me desperté con una lúgubre melancolía después de haber pasado un día maravilloso con mi nueva pareja. Me había dado cuenta de que esa era la persona (perfecta, imperfecta, con puntos débiles y fuertes) con la que quería estar. Mientras permanecía allí tumbada, sintiendo esa pesadez en mi corazón, mi mente egoica no dejaba de comparar con otras relaciones que había tenido en el pasado: «No me mira con la adoración con que lo hacía Noel», «No tiene demasiada estabilidad económica», ¡me repetía machacándome una y otra vez! Como me di cuenta de que era mi miedo el que me estaba hablando, decidí tener una charla con mi naturaleza búdica. Buda me dijo que acabara con eso, que volviera a la realidad, que aceptara el maravilloso regalo de haber encontrado a una buena persona y que simplemente *sintiera* el regalo de su humanidad y de su potencial amoroso.

Cada vez que abrimos una puerta, cerramos otra. Es estupendo pasar la mañana del domingo con tu nuevo amor, preparar el desayuno y salir juntos a pasear. Pero en medio de esa felicidad, tal vez sintamos nostalgia de nuestro ritual anterior de las mañanas de domingo, cuando teníamos todo el tiempo del mundo para disfrutar a solas de nuestro restaurante favorito leyendo el periódico. Es necesario que reconozcamos por igual la presencia del entusiasmo y de la pérdida, que sintamos su ritmo en los altibajos que experimentamos cuando iniciamos una relación. Si intentamos negar nuestras pérdidas, sentiremos resentimiento, un malestar creciente y el deseo de romper.

Sin embargo, también hemos de recordarle a nuestro ego que amar significa desapegarnos de nuestras arraigadas costumbres, de la comparación y de desear que nuestra vida no cambie. Algunas personas sacan un poco la cabeza de su caparazón durante algún tiempo, para probar el sabor del romance, pero como su ego está apegado a la seguridad, a la predecibilidad y a sus antiguos rituales, optan por esconderla de nuevo. Iniciar una relación y vivir en el corazón del Amado significa que nuestra vida va a cambiar, que nuestros caparazones se romperán y que jamás volveremos a ser los mismos.

43 AYUDA A QUE SE EXPANDA LA RELACIÓN CON CREATIVIDAD Y SENTIDO DEL HUMOR

Nada permanece igual. Lo que no crece se marchita y muere.

Si no estamos creciendo, estamos retrocediendo. Para mantener viva una relación hemos de explorar nuestra capacidad *como pareja* para divertirnos, probar nuevas aventuras y crear un lenguaje especial en la relación. Cada uno puede ayudar a expandir esa relación probando cosas nuevas y preguntando claramente a su pareja si está dispuesta a compartirlas.

Cuando estaba iniciando una relación con Andrew, el hombre que conocí cuando terminé mi primer libro, quería saber si le interesaba mi faceta de escritora porque era algo sumamente importante en mi vida. Aunque me había hecho algunas preguntas informales sobre el libro y yo le había dicho vagamente que me gustaría que leyese una parte, no lo hacía. Así que en vez de esperar a que él me preguntara, lo llamé y le dije: «Me gustaría que me dieras tu opinión sobre algo que estoy escribiendo. ¿Puedo enviarte ahora un capítulo?». Me dijo que sí. (¡Por supuesto, le mandé el capítulo sobre el sexo!).

Para facilitarle la respuesta, incluí una lista de preguntas: «Te agradecería que me indicaras qué partes te gustan, qué es lo que no fluye o qué es lo que falta», etcétera. De este modo, pude averiguar si era una persona apta para participar de mi mundo, algo que realmente anhelaba. Para mi grata sorpresa, leyó el capítulo, me aportó comentarios útiles y terminamos teniendo una intensa conversación sobre sexualidad.

Si quieres que suceda algo, haz que suceda. No te quejes de que nunca cocináis, veis un vídeo o vais a bailar juntos. Toma la iniciativa. Las personas que obtienen resultados suelen ser muy hábiles haciendo peticiones específicas gracias a su confianza en sí mismas. Les gusta ir más allá de sus limitaciones y experimentar. Asimismo, están convencidas de que se merecen lo que están pidiendo. Las que no consiguen lo que quieren suelen quejarse, hacer súplicas desacertadas o sugerencias vagas, y luego se enfurecen porque no se cumplen sus deseos.

Recuerda que es imprescindible hacer peticiones específicas y sugerir una fecha: «Me gustaría que preparáramos la cena juntos el próximo viernes»; «Me gustaría ensayar un poco antes de salir a bailar el próximo sábado, para no avergonzarme en la pista de baile»; «Me gustaría que nos leyéramos poemas de amor en la cama (ten un libro a mano)»; «Me gustaría que fuéramos de acampada el próximo fin de semana».

Con estas acciones, te puedes hacer a la idea del potencial que tiene la relación. Si te dice: «No quiero leer poemas en la cama porque me parece una tontería», ya sabes que si eliges seguir con esta persona tendrás que vivir sin leer poemas en la cama. Si te dice: «Odio ir de acampada», cuando sugieras una salida al aire libre, acepta que tendrás que ir de acampada sola o siempre con otras personas. Al hacer peticiones y ver si la otra persona está receptiva, ves dónde coincidís y dónde no. Descubres los aspectos positivos y las limitaciones de estar con ella y así puedes elegir con conocimiento de causa.

Una variante es la de simplemente pasar a la acción. Lleva un libro de poemas al dormitorio, acaricia a tu amante con ternura y cuando te parezca que es el momento apropiado, léele uno. Observa cómo reacciona. Cuando estaba iniciando mi relación con Jessie, que parecía una persona muy práctica, pensaba que a ella le resultaría un poco cursi preparar bien la mesa con flores, velas y una buena cubertería. Pero como adoro crear atmósferas agradables, lo hice de todos modos. Me encantó cuando vi que sonrió, acarició las flores y me dijo: «Es precioso. Mi familia nunca hizo nada semejante». También le leí los extáticos poemas de Kabir, mientras nos abrazábamos en nuestra pequeña tienda de campaña durante una excursión.

Cuando nos volvemos proactivos, divertidos y asertivos, aportamos una energía chispeante a la relación y nos convertimos en un catalizador para descubrir juntos nuevos horizontes.

Una advertencia respecto a este enfoque: las dos personas han de ser sinceras y no fingir el placer o la alegría.

Muchas veces, la gente no prueba cosas nuevas porque nadie les ha enseñado a hacerlo o la inercia los bloquea, así que cuando alguien les enseña algo nuevo es una bendición para ellos. Otras veces, sin embargo, después de unos cuantos intentos, la persona no está interesada. Puede que alguien te acompañe en una actividad para complacerte, pero ha de ser sincero y admitir que no lo haría si no fuera por ti.

Asimismo, no hemos de precipitarnos en rechazar una petición, salvo que nos parezca que es una violación interna de nuestros valores. Recuerda que tu nuevo amor te está abriendo su corazón, pidiéndote que participes de su placer. Si siempre te niegas estarás cerrando la puerta de la conexión.

Si no estás segura o seguro de que quieres realizar cierta actividad, manifiesta tus dudas, pero no cierres la puerta. Tal vez te lleves una bonita sorpresa.

Andrew llegó en moto a nuestra primera cita, en una cafetería al aire libre. ¡En moto! Para mí los motoristas eran un puñado de testosterona que se dedicaban a llamar la atención ante el mundo, dando gas al acelerador y pavoneándose. Por suerte, me quedé absolutamente encantada con él y aunque ese día no acepté la invitación de ir en su moto, tampoco le cerré la puerta.

Al cabo de unas pocas semanas, me invitó a ir con él a una cascada en las montañas, un lugar donde podríamos caminar, y sentí lo importante que era eso para él. Cuando nos pusimos en marcha, se desató una tremenda carcajada en mi interior: «¡Aquí estoy yo, con casi cincuenta años y viajando de paquete en una moto! ¿Adónde más me llevará la vida?». Cuando se serenó mi mente, empecé a notar la brisa sobre mi rostro. Me fui relajando lentamente y empecé a disfrutar de la vista de los extensos pinares, de las balsamorhizas* y de la amplia gama de flores silvestres de primavera. Nunca diré que me encanta ir en moto, pero acepté otra invitación y, lo más importante, disfruté compartiendo algo que a él le entusiasmaba.

Recuerda que puede que te sientas extraña o tonto probando algo nuevo, pero también es posible que te rías mucho, que abras tu corazón, que superes tus prejuicios y termines bailando más cerca de tu amado o amada.

---

* N. de la T.: Planta perteneciente a la familia del girasol, autóctona del oeste de América del Norte, con flores amarillas.

Sexta parte

HABITA EN EL CORAZÓN
DE TU AMADO/AMADA:

Somos uno con el otro

44 DISFRUTA DE LA HISTORIA ESPECIAL DE CÓMO OS CONOCISTEIS

Si observas a las parejas que bailan en una pista de baile, verás que aunque todas dancen al son de la misma canción, cada una tiene su *flow*, su característica y su ritmo. Con el proceso de crear una relación sucede lo mismo. No hay consejos o habilidades simples que nos garanticen que nuestro romance o relación va a durar.

Cada pareja crea una historia única cuando se une. Una de las cosas que más alegría me han proporcionado al escribir este libro ha sido preguntar a las parejas cómo se conocieron. Las miradas tiernas, la risa, los pequeños detalles y el contar ese momento especial en sus vidas reflejaban su viaje especial. ¿Cuál es tu historia hasta el momento?

Cuando pregunté a mi maestra sufí, Shahir, y a su esposo, Sadiq, qué había hecho prender la llama de su romance, los dos se echaron a reír a carcajadas. Sadiq y Shahir hacía mucho tiempo que se conocían porque eran miembros activos (como líderes y participantes) de la comunidad Danzas de Paz Universal.

—Yo la consideraba una mujer insoportable y no muy inteligente —dijo Sadiq.

—Al principio, tampoco lo soportaba —dijo ella riéndose—. Lo tenía por un engreído, al que le encantaba que las mujeres le fueran detrás.

Esa distancia se salvó cuando Shahir tuvo un ictus que casi le cuesta la vida y le pidió que fuera a verla, sin saber que era maestro de reiki. Cuando llegó, aunque ella apenas podía hablar, se las arregló para decirle: «Quiero un poco de tu calor, de tu fuego».

—Yo necesitaba curarme y él necesitaba que alguien lo ayudara a desarrollar sus facultades como sanador, así que nos complementábamos. No podía hablar porque había una parte de mi cerebro que no me funcionaba y solo podía aceptar lo que él me daba, lo cual era muy liberador para ambos.

A las seis semanas eran amantes.

—Sexo era lo que yo quería realmente —dijo Shahir—. Estaba a veintiocho mil años luz de mi cuerpo y quería sentir la vitalidad y la conexión que dan el sexo y la intimidad con otra persona, para que me ayudara a reconectar con mi interior. Después de haber estado al borde de la muerte, me di cuenta de que cuando estás viva, eso es lo que se supone que has de hacer, estar viva. Hay mucho tiempo para estar muerta.

Volvió a reírse. La relación entre ambos floreció y se convirtió en un amor mutuo duradero.

Maggie, una mujer de espíritu afable, se trasladó a Wyoming. Un amigo suyo tenía un amigo allí que se llamaba Ed, y le dijo que contactara con él. Llamó a Ed y lo invitó a ir con «su grupo» al cine un viernes por la noche. Él respondió: «Por supuesto». Maggie fue la que inició el contacto varias veces más, y se sintió atraída hacia él antes de que Ed le correspondiera. Cuando este empezó a mostrarle su interés, ella se contuvo un poco para ver si él era capaz de seguir avanzando. A los cuatro meses, se fueron a vivir juntos, y desde entonces se han construido una casa y ya tienen fecha de boda. Esto nunca hubiera sucedido si Maggie no hubiera dado el primer paso, el segundo y el tercero. Más adelante le preguntó por qué había tardado tanto tiempo en reaccionar y él le dijo que no se podía imaginar que una mujer tan maravillosa se hubiera fijado en él.

Me llamó la atención descubrir lo frecuente que es saber que has conocido a tu pareja a primera vista. Esto quedaba confirmado en el libro de Barry Sinrod y Marlo Grey, *Just Married* [Recién casados], que incluye datos fascinantes sobre los recién casados. El ochenta y seis por ciento de los hombres y el cuarenta y uno por ciento de las mujeres que entrevisté me dijeron que lo suyo había sido amor a primera vista. Esto me recordó una conversación que había tenido con Margie y Stan, una pareja atractiva y vital que conocí en un centro de actividades deportivas y de salud de mi localidad. Yo estaba sentada en una bicicleta estática al lado de Margie, cuando ella empezó a contarme su historia, que se remontaba cuarenta y ocho años atrás:

—Yo estaba en mi primer año de universidad y una amiga se me acercó y me dijo: «Hay un chico que quiere invitarte a salir». «Nada de citas a ciegas —le dije tajante—. No salgo con desconocidos», pero mi amiga insistía: «Es encantador y tiene muchas ganas de conocerte». «No me interesa», volví a decirle. Al cabo de un par de meses y de muchas peticiones, acabé diciéndole: «Vale, le conoceré». La cita fue agradable, pero no me sentí especialmente interesada.

—Entonces, ¿qué pasó? —pregunté yo.

—Era insistente. Así que seguí saliendo con él —respondió sonriendo.

—¿Hubo algún momento en que sentiste que te habías enamorado?

—No, sencillamente la relación fue mejorando y me fui dando cuenta de que quería estar con él.

—¿Dónde te vio por primera vez?

—Me vio saliendo de una clase de inglés y le dijo a su amigo: «Acabo de ver a la mujer con la que me voy a casar».

Tanto si has sido tú quien ha dado el primer paso como si ha sido la otra persona, tanto si la has conocido en una cita a ciegas como sacando a pasear a tu perro o de pronto has sentido una conexión cósmica con un viejo amigo, cada historia de conocer a la persona especial es única y singular. No intentes encajar en un molde. Deja que sea la historia la que te escriba a ti.

45 PEQUEÑOS COMPROMISOS: EL PAN DIARIO DE LA INTIMIDAD

De la caña, el azúcar.
Del capullo de un gusano, la seda.

Ten paciencia si puedes,
y de las uvas ácidas saldrá algo dulce.

RUMÍ, *Say I Am You* [Di yo soy tú]

El verdadero compromiso procede del corazón y no se puede forzar. No se trata tanto de «sellar» un compromiso como de sentir el deseo de profundizar en el vínculo. Los compromisos crean una especie de escudo protector en torno a la pareja, tras el cual pueden experimentar conflictos, explorar su sexualidad, hacerse preguntas y revelar su mundo interior. Cuando las personas no tienen algún tipo de compromiso de que van a estar juntas, aunque solo sea durante cuatro meses o un año, tienden a autoprotegerse reprimiendo su verdadera forma de ser. Es un mecanismo de supervivencia biológico.

Los pequeños compromisos pueden marcar una gran diferencia en nuestra perspectiva de la relación. Tal vez nos comprometamos a dejar de salir con otras personas, a ser monógamos y a no callarnos cuando hay diferencias que es necesario aclarar. Nos comprometemos a pasar juntos los fines de semana, a participar de los pasatiempos favoritos de la otra persona. Los compromisos son una forma de definir una relación.

A mi consulta han venido parejas a punto de separarse que no sabían cómo definir su relación. «¿Tenéis sexo?», les preguntaba. Asentían. ¿Habían acordado ser monógamos? Entonces se miraban algo perplejos. «Bueno, eso creo», decía uno. La otra persona respondía con evasivas: «Bueno, principalmente sí». Cuando les pedía que definieran su grado de compromiso solían darme respuestas sumamente contradictorias o hacer comentarios como: «Solo queremos ser espontáneos».

La gente suele mantener unos límites poco definidos por miedo: miedo a que si le pide más compromiso a su pareja esta se eche atrás, miedo a comprometerse a algo que no sea capaz de cumplir o miedo a ser absorbido por la otra persona y perderse a sí mismo. La capacidad para comprometerse está relacionada con los grados de diferenciación. Porque las personas bien diferenciadas tienen la facultad de seguir siendo ellas mismas; aunque tengan una relación muy personal con alguien, para ellas el compromiso supone la libertad para profundizar, para sentir la unión y conocerse mejor a sí mismas.

Comprometernos con otra persona siempre es una forma de comprometernos a conocernos a nosotros mismos y a hacer lo que sea necesario para cumplir nuestra promesa. Si prometemos ser sinceros, nos comprometemos a alcanzar un nivel más profundo de conciencia interior y a afrontar cualquier miedo que nos impida cumplir esa promesa.

Otro aspecto del compromiso es dar a conocer vuestra relación a vuestras familias y amigos. Al decírselo a los demás, también se vuelve más real para nosotros. Igualmente, favorece que la nueva pareja sea considerada como *pareja* en los eventos sociales. Si tu pareja no quiere que sus amigos y su familia se enteren de vuestra relación, no desea socializar con otras personas en *calidad de pareja* o te parece que para ella eres un secreto bien guardado, probablemente estés con alguien que es incapaz de comprometerse en una relación que tenga como base la espiritualidad.

El compañero del compromiso es cumplir los acuerdos. *Alguien que cumple con lo acordado es alguien que sabe quién es.* Una persona consciente sabe que le gustaría ir a comer y al cine el próximo sábado y que puede modificar sus planes para cumplir lo prometido. Los acuerdos también nos sirven para poner a prueba nuestra capacidad de hacer lo que decimos.

Las personas que nunca cumplen sus promesas y aportan una letanía de excusas no son buenas candidatas para tener una relación, por muchas declaraciones de amor que te hagan al oído. Además, si sigues saliendo con alguien que no cumple con lo que dice, tendrás que confrontarte: «¿Por qué estoy con alguien en quien no puedo confiar?», «Si no puede cumplir con algo tan sencillo como salir el viernes por la noche, ¿qué futuro me espera?».

En una relación equilibrada, las dos personas tienen que ser activas en lo que a definir el grado de compromiso se refiere. La ambigüedad respecto al compromiso puede indicar ambivalencia respecto a vuestra relación o que se trata de una persona que tiene problemas para adquirir compromisos. Aunque no puedes forzar los compromisos (estos surgen del corazón), son un requisito previo para seguir con una relación y tener una relación íntima con alguien. Sin ellos, lo más probable es que permanezcas en el limbo y nunca profundices en vuestra conexión. A menudo es tentador autoconvencernos de lo que vemos, pero si seguimos con alguien que no es capaz de comprometerse, nos haremos ilusiones, nos desviaremos de nuestro camino y acabaremos con los pies enfangados. Las relaciones han de ser una celebración del amor, la creatividad, la alegría y el crecimiento, no una interminable experiencia de sufrimiento, infelicidad y soledad. La vida ya nos trae suficientes lecciones dolorosas gratuitamente.

A veces las personas fuerzan los compromisos por pura desesperación. Quieren saltarse el incómodo proceso de conocerse más a fondo y pasar directamente al «somos pareja» o «estamos comprometidos», porque les aporta una ilusoria sensación de seguridad.

Cuando alguien intenta forzar el compromiso demasiado pronto, puede reflejar inseguridad y desesperación más que amor.

Recuerda que no puedes forzar un compromiso. Este ha de surgir del deseo de querer profundizar en una relación. Si el compromiso no se produce a raíz de ese deseo, es falso.

El proceso de comprometerse puede despertar una mezcla de sentimientos de miedo y alegría. Al momento estás entusiasmada o entusiasmado ante la idea de una relación a largo plazo, y al siguiente, estás aterrorizado: «¡Oh, Dios mío! Esto es real». Cuando sientas que te estás asfixiando, tienes que inhalar tu miedo. Estar contigo mismo, explorar tus temores y practicar *tonglen*. Pregúntate: «¿Tiene este miedo fundamentos reales?», «¿Hay algo real en todo esto o me estoy dando de narices contra un corazón asustado que ha creado la historia de "amar es peligroso, es peligroso dejar que alguien se te acerque, dejar que alguien te ame de verdad"?». Si el miedo persiste, intenta liberarte de lo que se interpone en tu camino para que puedas ver con claridad y tomar buenas decisiones.

Cuando os comprometéis, cumplís con vuestras promesas y disfrutáis estando juntos, trascendéis las ilusiones del romance apasionado y empezáis a celebrar la normalidad que aporta una relación estable.

46 REFLEXIONA SOBRE LA SITUACIÓN: ESCUCHA TU NATURALEZA BÚDICA

El verdadero compromiso nace del conocimiento. No podemos asentir cuando no conocemos. A medida que vas pasando más tiempo con tu nuevo amor, es normal que empieces a contemplar la posibilidad de profundizar en vuestro compromiso. Si vas en esa dirección, es importante que «revises» tu relación, que seas consciente de ella. He incluido algunas reflexiones para que te ayuden a explorar tus sentimientos, a fin de que puedas tomar la mejor decisión posible.

Resérvate un tiempo para que puedas estar en paz. Piensa en todo lo que tenga relación con tu pareja: tus dudas, tus miedos y tus momentos felices. Escríbelos y siéntate relajadamente a escuchar qué más surge. Sigue escribiendo hasta que hayas vaciado tu mente de pensamientos y se quede en silencio.

Otro sistema es puntuarte del 1 (bajo) al 10 (alto) en los siguientes aspectos referentes a tu pareja. Escribe el primer número que se te pase por la cabeza y déjate sorprender. Hazlo con sinceridad. Si quieres escribir una puntuación baja y otra alta para reflejar los extremos, también puede ser interesante.

PAREJA / TÚ

_____/_____   Es una compañía divertida.

_____/_____   Inicia el encuentro.

_____/_____   Comprometido/a con la monogamia/capaz de ser monógamo (si eso es lo que deseas).

_____/_____   Comprometido/a con su propio viaje espiritual (capaz de reflexionar, de conocer su propia conducta, de ser sincero).

_____/_____   Fiable/responsable: es puntual, cumple con su palabra

_____/_____   Le gusta compartir aficiones y actividades.

_____/_____   Se interesa sinceramente por lo que a ti te importa: te hace preguntas, responde.

_____/_____   Grado de atracción sexual.

_____/_____   Está presente y tiene capacidad de respuesta haciendo el amor, si procede (puntuación más alta y más baja).

_____/_____   Capaz de hablar de los conflictos y trabajar juntos para resolver problemas.

_____/_____	Demuestra habilidad para confrontarse a sí mismo/a.
_____/_____	Se disculpa cuando llega tarde o es desconsiderado/a.
_____/_____	Tus sentimientos y grado de atracción generales hacia esta persona.
_____/_____	Tu predicción general sobre el éxito de esta relación.

También deberías escribir tus otras preocupaciones, placeres y pensamientos, todo lo que te venga a la mente.

Esta es la imagen de tu futura pareja. ¿Han sido las puntuaciones que te han venido a la mente más altas o más bajas de lo que imaginabas? ¿Has tenido la tentación de falsear tus respuestas? ¿Cómo te *sientes* al revisarlas? No las analices o justifiques. Solo siente. No llames por teléfono, no te tomes un café o te pongas a fregar los platos. Solo siéntate y revisa mentalmente.

Ahora utiliza la lista anterior para calificarte a *ti*. ¿Qué conclusión sacas cuando colocas las dos puntuaciones una al lado de la otra? Si los dos hacéis el test y los comparáis podéis obtener resultados fascinantes.

Si te estás planteando comprometerte con alguien para que sea tu pareja o cónyuge para toda la vida, debes reconocer en cada una de tus células que aceptas a esta persona tal como es en este momento. Te quedas con todo el paquete tal cual es ahora. Por ejemplo, si no es muy hábil expresando sus sentimientos, acepta esa característica ahora y siempre. Prométete que no vas a machacarla con este tema. Si tu pareja necesita mucho tiempo para estar a solas, acepta su necesidad y asume que ese patrón continuará. De hecho, espera que todo siga tal como es ahora. ¿Te parecerá bien dentro de seis meses? ¿Dentro de un año? ¿Dentro de cinco años? Puede parecer contradictorio tomar una decisión actual basándote en el momento presente, cuando la impermanencia es uno de los principios básicos del budismo. Esta es la cuestión: *para tomar una decisión basándonos en la realidad, hemos de aceptar que esto será así siempre porque el presente es la única verdad que tenemos.* De lo contrario, nuestra decisión se basará en proyecciones y fantasías.

Las puntuaciones puede que sean muy altas y reafirmantes, o que os susciten serias dudas a ti y a tu pareja. Si te sientes incómoda o incómodo, habla con tu pareja con franqueza respecto a lo que te preocupa, espera unas semanas y vuelve a hacer el test. Tal vez os interese ir a un terapeuta de parejas para que os ayude a resolver vuestras diferencias o puntos problemáticos. Las cosas pueden mejorar o no. Refúgiate en el Buda recordando que tu paz y tu alegría están condicionadas a que seas fiel a ti en tu caminar por el sendero de la bondad y la compasión. Luego, guarda la lista, siéntate, respira y escucha con atención lo que surge de ese espacio sereno y silente de sabiduría, que es tu naturaleza búdica.

47 GRANDES COMPROMISOS: EL «MATRIMONIO» *SAMAYA*

> Los votos nos comprometen a realizar el trabajo que
> tenemos por delante, tanto psicológico como espiritual.
> Nos instan a que cultivemos la misericordia y la conciencia.
> Hacer ese trabajo implica ofrecer todo lo que somos.
>
> **STEPHEN** y **ONDREA LEVINE,**
> *En brazos del amado*

Nuestro compromiso con un amante se materializa en nuestro compromiso con el camino espiritual. Hacemos el voto de hacer todo lo que sea necesario para estar presentes en la relación, que es lo mismo que hacer el voto de estar presentes para nosotros mismos. Pema Chödrön describe *samaya*, un término budista que significa 'matrimonio con la realidad', de este modo:

En el caso de samaya, *cuando hablamos del compromiso, este ha de ser total: compromiso total con la cordura, compromiso total con nuestra experiencia, con una relación incondicional con la realidad. Nuestro compromiso más importante es el que contraemos con la realidad [...] En las relaciones, los retos son claudicar, renunciar a nuestra forma de hacer las cosas y no separarnos cuando nos sintamos amenazados. Básicamente, el reto es ser genuinos, sentir nuestras palpitaciones, nuestras piernas temblorosas o lo que sea y quedarnos con ello. Resumiendo, muy pocas personas se permiten estar alguna vez en una situación que no tenga al menos una salida por diminuta que sea, un lugar al que puedan ir si es necesario.*

Cuanto más cierras todas las vías de escape y abres tus ojos y tu corazón a tu amado, mayor será la posibilidad de crear una unión estable y duradera. Cuando te comprometes con la realidad, con estar consciente, experimentas el refugio del *dharma*, de la verdad, de la luz.

Es una gran bendición cuando dos personas se pueden decir mutua e inequívocamente: «Eres la persona que quiero como amante, mi persona especial, mi compañera de viaje, mi Amada. Me voy a entregar a ti, a nosotros. Cerraré las puertas a los demás. Te acepto con todas tus imperfecciones. Te acepto con toda tu belleza, magnificencia y fuerza».

¿Cómo crees que sería poder decir: «Estoy aquí, voy a estar presente, en vez de huir cuando las cosas se pongan feas»? ¿Qué te parecería dejar los pequeños rituales y escondites que utilizamos como vías de escape y sumergirnos sin reservas? ¿Qué te parecería abrir tu corazón por completo, sin recurrir a la seguridad de echarte atrás, esconderte o guardar secretos?

Samaya *significa no reprimir nada, no tener preparada una vía de escape, no buscar alternativas, no pensar que hay tiempo de sobra para hacer las cosas después [...] Nos ablanda para que no podamos autoengañarnos.*

PEMA CHÖDRÖN

En una relación en la que hay un compromiso nos encaminamos de frente *hacia* nuestros miedos, los inhalamos, practicamos *tonglen*. Nos abrimos. Mediante la sinceridad incondicional con nuestra pareja, practicamos la sinceridad incondicional con el mundo, con todas las personas o, como dirían los sufíes, amándonos unos a otros incondicionalmente, nuestro amor se expande y llega a toda la gente. Cuando vivimos en la realidad actual desarrollamos un estado aguzado de conciencia para el sabor, el olfato, los sonidos, los colores, la belleza y el tacto. Disfrutamos de la sensualidad de acariciar el terciopelo, de acariciar el cabello de nuestra persona amada, de mirar una sencilla rosa, del olor a ajo en la comida que estamos cocinando, de escuchar la respiración de nuestra pareja cuando se queda dormida. Sintonizamos el momento. Resonamos. Estamos vivos.

Un compromiso a largo plazo es algo que vale la pena consagrar y celebrar. Tal vez queráis crear un ritual, organizar una pequeña reunión con vuestros amigos y amigas, hacer una escapada de fin de semana, anunciar que os habéis comprometido, intercambiar anillos..., cualquier cosa que os conecte más. Pero lo más importante es que saboreéis ese sentimiento en vuestro corazón. Habéis caminado por el sendero y ahora se os ha concedido el don de tener a alguien con quien compartir el camino.

48 CUANDO NADA FUNCIONA: RECUERDA QUE LOS AMANTES SON UN DON DEL UNIVERSO

Hay un tiempo para todo,
y se ha de hacer cada cosa a su debido tiempo.

ECLESIASTÉS 3:1

A veces abrimos nuestro corazón, salimos con mucha gente y no nos desviamos de nuestro camino, sin embargo, no aparece nadie. Esto pone a prueba nuestra fe y nuestra capacidad para aceptar lo que se nos da. Si estás desanimada o desanimado, recuerda que el misterio de la vida escapa a nuestra comprensión. En última instancia, los amantes son un regalo del universo. Puede que no te pase absolutamente nada: que no tengas grandes bloqueos o problemas, que no haya nada que hubieras podido hacer de otra forma. Sencillamente, no es tu momento, por ninguna razón en particular. Tu misión es encontrar la aceptación, estar en paz contigo mismo.

Los seres humanos tenemos diferentes puntos de vista sobre por qué encontramos o no encontramos pareja; algunos creen que tiene que ver con el karma o con la voluntad de Dios, mientras que otros creen que es un acontecimiento aleatorio. Sea cual sea tu creencia, lo cierto es que no tenemos todo el control sobre esto. Cuanto más lo aceptemos, más tranquilos estaremos.

Tal vez estés en un momento de tu viaje en que has de caminar solo o sola. Tal vez sea tu momento para iniciar un proyecto, volver a estudiar o aprender una habilidad nueva con la libertad y la claridad mental que disfrutamos cuando estamos solos. Pero sea cual fuere la razón por la que no te ha aparecido un amante, no es necesario que estés en soledad. Tú eres el amante de tu vida. Eres hija o hijo del universo, hija o hijo del Espíritu.

Recuerda las palabras de san Francisco de Asís: «Haz de mí un instrumento de tu paz». Las personas más felices que conozco (solteras o con pareja) son las que se dedican a aliviar el sufrimiento en el mundo. Ayudan a plantar jardines, visitan a los enfermos, contribuyen en proyectos de la comunidad e irradian luminosidad espiritual.

En última instancia, la vida se basa en saber quién eres y en ser capaz de aceptar el ritmo y el pulso inexplicables de nuestro viaje. Dejamos de preguntarnos: «¿Por qué a mí?» y reflexionamos sobre lo que nos sucede. Aprendemos a decir: «Así es mi vida en estos momentos. ¿Qué puedo sacar de esto? ¿Qué puedo aprender? ¿Cómo puedo ser feliz?». Todos estamos hechos de la misma sustancia, formamos parte de la misma esencia cósmica, de todo lo que es. Nuestros sentimientos de separación y de soledad son ilusorios.

Cuando mi maestra sufí Shahir padeció su casi letal ictus, tuvo la experiencia de abandonar el cuerpo y de acercarse a la luz antes de decir: «He de regresar. Tengo cuatro hijos». Así me habló de ello:

Durante el ictus, fui a un espacio vacío. Allí estaba yo en ese vacío contemplando un punto de luz a lo lejos y otro donde yo estaba; entonces, me di cuenta de que se trataba de mi alma y de que no existía la dualidad ni separación de nada. No existe el «aquí dentro» y «allí fuera» porque todo es uno. Somos la luz y la oscuridad, que es el punto en que abandonamos toda resistencia. Descubrí que siempre estamos en el amor, que estamos inmersos en él.

49 SABOREAR LA DULZURA: RECUERDA QUE ERES AMOR, AMANTE Y AMADO

Si tienes la bendición de encontrar a tu amado o amada, míralo con dulzura a los ojos, acarícialo con ternura, contempla el corazón de este ser especial que quiere lo mismo que tú: ser entendido, amado y respetado, a fin de hallar el sentido de la vida y encontrarse a sí mismo.

Tienes una pareja primaria, un techo bajo el cual cobijarte, un compañero/a, un colaborador/a, amante y amigo/a. También tienes con quien pelearte y quien te ayudará a aprender más sobre los conflictos, la tolerancia, la compasión y el perdón. Irás conociendo cada vez más aspectos de ti que forman parte de tu naturaleza búdica. Da la bienvenida a todo lo que llegue a tu corazón, del mismo modo que acoges a tu amante, abiertamente, con sinceridad y sin miedo.

La vitalidad y la alegría de vuestra relación reflejarán la vitalidad y la alegría de cada uno de vosotros, a medida que vayáis despertando. Siendo fieles a vuestro compromiso, amándoos mutuamente y permaneciendo bien asentados en la realidad del momento, os estaréis abriendo al amor trascendente que hay entre vosotros y a vuestro alrededor. Conocer bien a una persona es conocerlo todo bien: ser una con el amor, con los amantes y con el Amado. Con el paso del tiempo sintonizaréis todavía más el uno con el otro, crearéis armonía, tendréis un lenguaje propio para estar más conectados. Cuando el río del amor fluye entre dos corazones abiertos, se genera mucha riqueza, que les permitirá tanto dar como recibir y estar unidos en el corazón místico del Amado.

Recientemente, he participado en la boda sufí de Shahir y Sadiq, a quienes ya he mencionado antes. «Decidimos casarnos porque sabíamos que queríamos vivir en el tercer cuerpo que se crea mediante nuestra unión», me dijo Shahir.

Su boda formó parte de un retiro de fin de semana que llevaba por título «¿Cómo celebramos?» y que tuvo lugar durante un encuentro espiritual, junto al lago Coeur d'Alene, en Idaho. Fue un evento anual en el que participaban un núcleo muy unido de practicantes del sufismo y otro que compartía su pasión por las Danzas de Paz Universal y a quienes les gustaba participar en retiros de fin de semana.

El único plan de boda que habían hecho era programar la ceremonia para el sábado por la mañana. Aparte de eso, no había ni invitaciones ni otros preparativos formales. Todo el que hubiera acudido a ese retiro estaba invitado automáticamente. Los preparativos para la boda duraron menos de dos horas. Las mujeres recolectaron ramas, arbustos y flores, y las entrelazaron con largos fulares de seda, para transformar el rincón del enorme comedor donde se iba a celebrar el acto en un mágico y alegre entorno frondoso.

La ceremonia empezó fuera. Los hombres formaron un grupo, las mujeres otro, todos engalanados con fulares, gasas y guirnaldas de flores. Ambos grupos llevaban tambores y se fueron acercando entre ellos en procesión: los hombres venían del bosque que había al otro lado de la pradera, avanzaban lentamente al son de los tambores, para encontrarse con el grupo de las mujeres, que venía del lago; todos estábamos radiantes, felices y pletóricos de espíritu, después de haber estado dos días bailando y haciendo prácticas sufíes. Cuando se unieron los dos grupos, los tambores empezaron a tocar al unísono.

Shahir y Sadiq se tomaron del brazo y entraron en el salón atravesando un arco de manos y al son de vítores de *Gunja ki Jai Jai*, que significa 'que los dos ríos que se van a unir formen el Ganges'. Todos nos pusimos a bailar agarrándonos de los brazos y creando una serpentina humana que se desplazaba ondulando y formando arcos para que todos pasáramos por debajo. Al final Shahir y Sadiq se sentaron el uno frente al otro delante del «altar», que era una mesa cubierta con un mantel dorado, adornada con nueve velas, ocho de las cuales simbolizaban las principales religiones del mundo: cristianismo, judaísmo, budismo, hinduismo, islamismo, zoroastrismo, religiones indígenas y la espiritualidad de la Diosa. Fueron encendiendo las velas una a una, y con cada vela que se encendía uno de los participantes leía un texto sagrado de cada una de esas tradiciones espirituales. A continuación vino una danza de paz realizada por todos los que rodeaban a los novios, que seguían sentados mirándose.

«¡Qué maravilla casarse invocando la sabiduría profunda de todas las religiones, invocando una bendición para todos, en vez de crear separaciones entre las personas!», pensé yo. Al final, una vez hubieron encendido todas las velas, la maestra sufí, a la que llamamos *murshida*, dirigió la ceremonia. Llegó un momento en que preguntó a los novios si tenían algún voto.

—Haré todo lo posible para mantener mi corazón abierto para ti en la ira, la duda y el miedo —dijo Sadiq.

Shahir se inclinó hacia él, con el rostro radiante.

—No tengo ningún voto. Lo único que quiero decir es que soy feliz de poder estar en tu compañía —dijo.

Mientras regresaba a casa en mi coche, me puse a reflexionar sobre los múltiples tipos de ceremonias de boda que existen en el mundo, las que yo conocía y las que no. Lo que me pareció especial respecto a la boda de Shahir y Sadiq fue que, en muchos aspectos, representaba la esencia del camino espiritual: amor, bondad, vivir el presente y hablar espontáneamente desde el corazón. Incluso los textos sagrados de las diferentes tradiciones que se leyeron en la ceremonia fueron elegidos por el lector. La espontaneidad podía haber puesto a prueba al ego de cualquier persona que necesitara más control o una fórmula más rígida.

Existen cientos de formas de santificar y bendecir vuestra relación, de uniros para ser uno en el amor, con la pareja y con el Amado. Encontrad vuestra fórmula. Que sea una que os ayude a expresar quiénes sois. Cuanto más refleje vuestra unión vuestra esencia luminosa, más luz y alegría os aportaréis el uno al otro, seréis más vosotros mismos y uno con el Amado. Con vuestra mutua aportación de devoción, verdad, humor y compasión, vuestra unión puede suponer un rayo de luz para otras personas.

Aunque solo sea por un momento, siempre que veas al Amado, que se halla en todos los seres, haz una pausa, respira y di *namaste*, «honro al Dios que hay en ti» o «me inclino ante la luz que hay en ti»; esto será tu piedra de toque para recordarte la joya brillante que hay en tu interior y en el de tu amado/a.

Namaste.

Tu hermana,

Charlotte Sophia

Bibliografía recomendada

En vez de aportar una bibliografía extensa, he hecho una lista de mis autores favoritos sobre citas, relaciones y espiritualidad.

Citas

DeAngelis, Barbara, *¿Eres mi media naranja?*, Barcelona, Random House, 2002.

Page, Susan, *If I'm So Wonderful, Why Am I Still Single?* [Si soy tan maravillosa, ¿por qué sigo soltera?], Londres, Piatkus, 2003.

Sinrod, Barry y Marlo Grey, *Just Married: A Sexy, Irreverent, Eye Opening Look at How We Meet, Dated, and Married the One We Love* [Recién casados: una visión sexi, irreverente y clarificadora sobre cómo conocimos a nuestro ser querido], Kansas City, Andrews McKeel Publishing, 1998.

Relaciones

Buber, Martin, *Yo y tú*, Buenos Aires, Nueva Visión Argentina, 2002.

Chopra, Deepak, *El camino hacia el amor*, Barcelona, B d
Bolsillo, 2008.

Fromm, Erich, *El arte de amar*, Barcelona, Paidós, 2007.

Johnson, Catherine, *Lucky in Love* [Afortunados en el
amor], Penguin, 1992.

Kasl, Charlotte Davis, *Women, Sex, and Addiction: A search
for Love and Power* [Mujeres, sexo y adicciones: una
búsqueda del amor y del poder], Reino Unido, Hut-
chinson, 1992.

*A Home for the Heart: Creating Intimacy and Communi-
ty inn Our Everythay Lives* [Un hogar para el corazón:
crear vínculos estrechos y comunidad en nuestra vida
cotidiana], HarperCollins, 1997.

*Finding Joy: 101 Ways to Free Your Spirit and Dance with
Life* [Encontrar la felicidad: 101 formas de liberar tu
espíritu y bailar con la vida], HarperCollins, 1994.

Levine, Stephen y Ondrea Levine, *En brazos del amado: las
relaciones amorosas como camino de sanación,* Madrid,
Los libros del comienzo, 1999.

Pearsall, Paul, *Sexual Healing: Using the Power of an Intimate,
Loving Relationship to Heal Your Body and Soul* [Sana-
ción sexual: utiliza el poder de una relación amorosa
para sanar tu cuerpo y tu alma], Nueva York, Crown
Pub, 1994.

Scarf, Maggie, *Intimate Partners: Partners in Love and Marriage*
[Socios íntimos: socios en el amor y en el matrimo-
nio], Nueva York, Ballantine Books, 2008.

Budismo y temas relacionados

Beck, Charlotte Joko, *Zen día a día,* Madrid, Gaia, 2012.

Boorstein, Sylvia, *It's Easier than You Think* [Es más fácil de lo que piensas], San Francisco, Harper, 1995.

Chödrön, Pema, *Comienza donde estás: Guía para vivir compasivamente*, Madrid, Gaia, 2016.

    Cuando todo se derrumba, Madrid, Gaia, 2022.

    La sabiduría de la no evasión. La senda del amor compasivo, Barcelona, Oniro, 2012.

Dalái Lama, Su Santidad, *El mundo del buddhismo tibetano*, Barcelona, Kairós, 2008.

Das, Lama Surya, *El despertar del Buda interior: la sabiduría del budismo para occidentales*, Madrid, Edaf, 2011.

Espiritualidad

Dass, Ram, *Journey of awakening: A Meditator's Guidebook* [Viaje hacia el despertar. La guía del meditador], Bantam, 1990.

Gibran, Khalil, *El profeta*, Barcelona, Obelisco, 2009.

Khan, Hazrat Inayat, *The Complete Sayings* [Máximas completas], Omega Publishing, 1990.

Krishnamurti, J., *El libro de la vida*, Madrid, Gaia, 2013.

Matt, Daniel C., *La Cábala esencial*, Madrid, Robinbook, 1997.

Shaw, Miranda, *Passionate Enlightment: Women in Tantric Buddhism*, Nueva Jersey, Princeton University Press, 1995.

Welwood, John, *Viaje del corazón: relaciones íntimas y el camino del amo,* Madrid, Los libros del comienzo, 1995.

Poesía

Barks, Coleman y Moyne, John, traductores, *Say I Am You Poetry Interspersed with Stories of Rumi and Shams* [D yo soy tú. Poesía amenizada con historias de Rumí y Shams], Estados Unidos, Maypop Books, 1998.

Barks, Coleman y Moyne, John, traductores, *La esencia de Rumí: una antología de sus mejores textos*, Barcelona, Obelisco, 2002.

Bly, Robert, *The Kabir Book: Forty-four of the Ecstatic Poems of Kabir* [El libro de Kabir. Cuarenta y cuatro poemas extáticos de Kabir], Boston, Beacon Press, 2007.

Psicología

Miller, Jean Baker, *Hacia una nueva psicología de la mujer*, Barcelona, Paidós, (1992.

Wolinsky, Stephen, *The Tao of Chaos* [El tao del caos], Pensilvania, Bramble Books, 1994.

—— *Los trances que vivimos*, Madrid, Los libros del comienzo, 2010.

—— *Quantum Consciousness: The Guide to Experiencing Quantum Psychology* [Conciencia cuántica: la guía para experimentar la psicología cuántica], Bramble Books, 1993.

—— *The Dark Side of the Inner Child: The Next Step* [El lado oscuro del niño interior. El siguiente paso], Bramble Books, 1993.

Sobre la autora

Charlotte Kasl fue psicóloga, cuáquera y sanadora de reiki e impartió seminarios. Estuvo muy implicada en el movimiento feminista, en las prácticas espirituales orientales y en la medicina alternativa, lo cual aportó un poderoso enfoque holístico a toda su obra. Entre sus libros se encuentran *Finding Joy* [Encontrar la felicidad: 101 formas de liberar tu espíritu y bailar con la vida], *Many Roads, One Journey* [Muchos caminos, un viaje] y su clásico, *Women, Sex, and Addiction: A Search for Love and Power* [Mujeres, sexo y adicciones: una búsqueda del amor y del poder]. Aunque vivió un tiempo en Minneapolis, Minnesota, regresó a su tierra natal en Missoula, Montana, donde falleció, a los ochenta y dos años, en su casa octogonal de la montaña, en 2021.